O negócio dos livros

ANDRÉ SCHIFFRIN

O NEGÓCIO DOS LIVROS

Como as grandes corporações
decidem o que você lê

Tradução
ALEXANDRE MARTINS

CASA DA PALAVRA

Copyright © 2000 André Schiffrin
Título original: *The business of books*
Todos os direitos reservados e protegidos pela Lei 9.610, de 19.02.1998.
É proibida a reprodução total ou parcial sem a expressa anuência dos editores.

Copidesque
FELIPE ANTUNES

Revisão
ALEXANDRE ARBEX

Capa e fotografia
CHRISTIANO MENEZES | RETINA78

Diagramação
MARCELO ALVES SERVIÇOS EDITORIAIS

Produção editorial
NATALIE ARAÚJO LIMA

Produção gráfica
ISABEL VALLE

CIP-BRASIL. CATALOGAÇÃO-NA-FONTE – SNEL, RJ.

S358

Schiffrin, André (1935-)
O negócio dos livros : como as grandes corporações decidem o que você lê / André Schiffrin ; tradução Alexandre Martins. — Rio de Janeiro : Casa da Palavra, 2006
14 x 21 cm, 184p.

ISBN 85-7734-023-6
Tradução de : The business of books

1.Schiffrin, André, 1935. 2. Pantheon Books — História. 3. Random House —História. 4. Editores e edição —Estados Unidos — História. 5. Editores e edição — Estados Unidos — Fusão —História. 6. Livros — Indústria —Estados Unidos — História. 7. Editoras independentes — Estados Unidos —História. I Título.

06-2948   CDD 070.50973
                                                 CDU 655.41 (73)

CASA DA PALAVRA PRODUÇÃO EDITORIAL
Rua Joaquim Silva, 98, 4º andar, Rio de Janeiro, 20241-110
21.2222-3167 21.2224-7461 divulga@casadapalavra.com.br
www.casadapalavra.com.br

Apresentação à edição brasileira 9
Agradecimentos 11
Prefácio 13

Introdução 19
UM Boa leitura para poucos e para milhões 33
DOIS A segunda geração da Pantheon 49
TRÊS Determinando o lucro 85
QUATRO Censura de mercado 113
CINCO Autocensura e as alternativas 137
SEIS New Press 159

Notas 177
Índice onomástico 179

Apresentação à edição brasileira

Um movimento longo e constante vem alterando o panorama das editoras nas últimas décadas. Sucessivamente, as pequenas e médias editoras foram compradas pelas maiores; as maiores uniram-se e tornaram-se gigantes; as gigantes foram devoradas por grandes conglomerados que pouco ou nada têm a ver com o livro. Escondidas atrás das miríades de selos, cinco corporações transnacionais editam nada menos que 80% dos livros nos Estados Unidos e da mesma forma no resto do mundo o mercado de editores reduz-se a um oligopólio cada vez mais estreito e homogeneizado. O Brasil, também por conta do isolamento da língua portuguesa, está conhecendo os primeiros passos de um movimento já consolidado no exterior. As editoras brasileiras – a maioria – ainda resistem ao assédio destes grupos.

Nossa intenção ao publicar este livro no Brasil não é hastear bandeiras. Não publicamos manifestos. Queremos apenas que, através do testemunho do editor André Schiffrin, o leitor tenha cada vez mais consciência de que *ele*, e não o dinheiro, é a razão e o fim de cada livro editado. E que aja, através das suas escolhas de leitura, a favor da bibliodiversidade.

Os editores

Agradecimentos

Um caloroso agradecimento a Colin Robertson, o primeiro a sugerir que eu escrevesse este livro e aquele que, habilidosamente, se esforçou muito para melhorá-lo depois. Um caloroso agradecimento também a Sara Bershtel, minha antiga colega na Pantheon, que roubou tempo de seu próprio trabalho, bastante volumoso, para colaborar com o meu. Agradeço também a Jessica Blatt e Sarah Fan, que ajudaram a colocar em ordem meu original caótico. Agradeço ainda a minha esposa, Maria Elena de la Iglesia, e a minhas filhas, Anya e Natalia – primeiras leitoras, críticas mas fundamentais.

Também preciso agradecer a Eric Hazan, da La Fabrique, que me pediu para escrever uma versão deste livro, publicada na França em 2002 como *l'Edition sans éditeurs*; a Karen Winkler, da *Chronicle of Higher Education*, que me pediu que escrevesse uma série de artigos sobre o trabalho de edição, alguns deles transformados em capítulos deste livro; a Katrina vanden Heuvel e Victor Navasky, da *Nation*, os primeiros a sugerir que eu escrevesse sobre as transformações no mercado editorial; a Roger Rosenblatt, que solicitou a mim um texto para sua antologia publicada em brochura, *Consuming desires: consumption, culture, and the pursuit of happiness*, onde pude desenvolver algumas de minhas idéias sobre o mercado editorial.

Embora eu tenha editado muitos, a experiência de escrever um livro foi uma lição em si, e eu sou grato a todos aqueles que serviram de professores a um pupilo relutante e difícil.

Prefácio

Este livro é uma tentativa de investigar as mudanças nos meios de comunicação, particularmente na publicação de livros, que aconteceram em todo o mundo. Nos últimos anos, como eu irei mostrar, os grandes conglomerados internacionais vêm se apropriando de uma parcela cada vez maior do mercado editorial em todos os países. Ao mesmo tempo, surgiu uma nova geração de pequenas editoras independentes.

Desde o ano em que este livro foi publicado pela primeira vez, as tendências que eu tentei analisar continuam dominantes. Em um país após o outro, diminuiu ainda mais o pequeno número de editoras independentes remanescentes. Na Grã-Bretanha, onde há apenas quatro independentes, uma das mais promissoras, a Fourth Estate, foi comprada pela HarperCollins, parte do império Murdoch. De modo coerente com os acontecimentos descritos nos capítulos que se seguem sobre a censura, uma das primeiras decisões tomadas após a fusão foi cancelar o contrato para a publicação de uma biografia de Murdoch, cujo conteúdo crítico foi percebido a tempo pelos novos editores. O impacto da venda da Fourth Estate afetou negativamente outras editoras independentes. Diversas empresas britânicas de pequeno porte, como Granta, Profile e Verso (editora original deste livro) dependiam da excelente equipe de vendas da Fourth Estate para representar suas obras junto aos livreiros. Com a fusão, isso já não era mais possível, e essas pequenas empresas precisaram descobrir novas formas de vender seus livros. Essa tarefa se tornou ainda mais difícil com o anúncio de que a maior cadeia de livrarias do Reino Unido, a Waterstone's, iria exigir descontos muito maiores das pequenas empresas, uma decisão que ameaçava arruinar economicamente muitas delas. Os apelos feitos às autoridades competentes na Grã-Bretanha foram rejeitados, e no momento em que este prefácio estava sendo escrito não estava claro o que iria acontecer. O interessante é que um desdobramento semelhante aconteceu no mercado fonográfico dos Estados Unidos, onde a gigantesca rede Tower decidiu reduzir de forma drástica seu estoque de títulos lançados pelos pequenos selos de música clássica.

Na França, a antiga empresa Flammarion, do século XIX, a *doyenne* das editoras independentes francesas, foi comprada pela Rizzoli, o braço editorial da Fiat, assim que a Feira de Livros de Frankfurt abriu as portas em 2000. Eu ainda não consegui encontrar nenhum editor francês ou italiano que me pudesse explicar a lógica editorial dessa fusão. Mas, claramente, a ânsia de diversificar-se internacionalmente, tornar-se um ator importante no cenário europeu e em geral de simplesmente crescer por intermédio de aquisições é suficiente para justificar fusões que de outro modo podem parecer difíceis de entender.

Nos Estados Unidos, a fusão entre Time Warner e AOL teve, surpreendentemente, conseqüências imediatas. O *New York Times* noticiou a saída do editor da Little, Brown pouco depois do anúncio da fusão. Aparentemente, o catálogo da Little, Brown não era suficientemente comercial para os novos proprietários. Pior ainda, a nova entidade formada com a fusão anunciou que iria modificar a natureza da CNN, uma das poucas emissoras dos Estados Unidos a transmitir notícias internacionais 24 horas por dia. Quatrocentas pessoas foram imediatamente demitidas, em meio a notícias de que a CNN iria dar menos ênfase à notícia e mais ao entretenimento – e provavelmente mais ao lucro. Tendo cruzado em segurança os recifes da investigação antitruste, a nova AOL-Time Warner claramente tencionava tornar-se ainda mais lucrativa que suas partes eram isoladamente.

A lista de editoras independentes norte-americanas foi reduzida quando a Vivendi, a empresa francesa de águas e livros que já controlava 1/3 das editoras francesas, comprou a Houghton Mifflin, uma das últimas grandes independentes dos Estados Unidos. Poucos foram capazes de entender por que quase 2 bilhões de dólares foram gastos para comprar uma empresa cujos livros educativos mal se adequavam ao programa geral da Vivendi. Da mesma forma, um grupo liderado por Reed Elsevier comprou a Harcourt General. Dessa vez, o foco de Reed em obras de referência e educativas despertou preocupação quanto à segurança do pequeno mas prestigiado catálogo da Harcourt.

É quase certo que, quando esta edição chegar às livrarias, mais fusões como estas terão acontecido. Restar-nos-á, em todo caso, perguntar se a queda da atividade econômica que marcou o início de 2001 irá reduzir a tendência à formação de conglomerados cada vez maiores ou se, ao contrário, as crescentes pressões econômicas irão levar a novas fusões e a maiores cortes.

A resposta para a questão acerca do que pode ser feito quanto a isso varia de país para país. Um dos aspectos mais interessantes da publicação deste livro tem sido acompanhar os diferentes debates surgidos nos vários países em que ele foi lançado. Cerca de 17 edições estão sendo publicadas, do Japão à Espanha, do Uruguai à Rússia. Em cada país, editores e livreiros debateram as questões levantadas e chegaram a soluções novas e distintas. Na Itália, por exemplo, uma série de debates em livrarias por todo o país levou à apresentação de uma lei no senado italiano, destinada a proteger as livrarias independentes, definidas como aquelas em que a maior parte das vendas advêm do catálogo. Em outros países, o debate sobre a possibilidade de descontos e o futuro do preço fixo dos livros continua aceso.

Em alguns países, como a Espanha, os críticos discordaram da minha sugestão de buscar maior apoio governamental. Quando isso aconteceu, argumentaram eles, o resultado foi nepotismo e corrupção, como sucedeu com a indústria cinematográfica. Mas cada país precisa encontrar as soluções adequadas. Certamente quase todos poderiam oferecer maior financiamento para escolas e bibliotecas públicas, que, sozinhas, seriam capazes de devolver às editoras um pouco da segurança econômica que elas tiveram por muitas décadas.

Na maioria dos países houve muita discussão acerca da real gravidade dos problemas que levanto. No conjunto, resenhistas, críticos e editores independentes concordaram com as análises que apresentei.

Em vários países, aqueles que ainda trabalham para grandes conglomerados em geral concordaram, mas advertiram que isso não tinha afetado as empresas nas quais estavam trabalhando. Certamente, a natureza das mudanças que eu discuto varia de país para país. Na França e na Alemanha, as grandes editoras ainda publicam uma seleção muito maior de títulos intelectualizados que nos países vizinhos, mas mesmo lá diminuiu o número de opções disponíveis. Nos Estados Unidos e no Reino Unido restam-me poucas dúvidas, após analisar cuidadosamente os catálogos ao longo das últimas décadas, de que as mudanças são, de fato, consideráveis e talvez permanentes.

A área na qual os críticos discordaram mais fortemente das minhas conclusões foi o campo da nova tecnologia. Há muitos que acham que a editoração eletrônica resolverá muitos dos problemas que descrevo, mas está claro que ainda precisa ser resolvida a questão de como as pessoas pagarão pelo material que está na internet. Mesmo as últimas experiências de Stephen King, com seu plano de aspiração *dickensiana* pelo qual as pessoas comprariam separadamente cada capítulo de seus livros, não foram bem-sucedidas. King desistiu da tentativa quando o número de compras diminuiu drasticamente, embora o número de possíveis compradores fosse muito maior do que aquele com que a maioria dos autores poderia sonhar. Talvez ainda mais revelador seja o fato de que as revistas literárias e políticas norte-americanas na internet, como a *Slate* e a *Salon*, ambas muito lidas, não conseguiram descobrir uma forma de fazer com que as pessoas paguem por esse serviço. No dia 9 de março de 2001, o *New York Times* apresentou uma análise detalhada mostrando que as expectativas originais de um faturamento substancial tinham sido amplamente frustradas. Desapareceram os planos empresariais que prometiam angariar 100 mil assinantes e gerar lucro em três anos.

Habituados a registrar milhões de acessos mensais sem entretanto ter descoberto como estabelecer um sistema de pagamento pela utilização das revistas, os editores da *Slate* e da *Salon* estão considerando agora a possibilidade de lançar versões impressas de todo o material veiculado na internet. Apenas o tempo dirá se essa solução irá funcionar, mas esta claramente não é a forma de lidar com os problemas enfrentados pelos livros na *web*.

Os defensores mais otimistas da internet tendem a esquecer que o livro mais caro não é o milésimo ou mesmo o centésimo exemplar, mas o primeiro. Os autores podem precisar de anos de apoio financeiro e ajuda editorial antes que seu trabalho seja concluído. Eu me lembro bem de meu último ano na Pantheon, quando dois dos dez melhores livros do ano da *New York Times Review of Books* eram do nosso catálogo. A biografia de Lorca por Ian Gibson e a maravilhosa história de Cameron Watts sobre as origens da Segunda Guerra Mundial, *How war came*, ambos encomendados vinte anos antes de suas publicações. É claro que os autores precisaram de substancial apoio financeiro ao longo dessas duas décadas, apoio que nós só podíamos dar sob a forma de antecipação dos direitos autorais. Mesmo as editoras universitárias ainda não descobriram como o trabalho editorial necessário para a preparação de monografias a serem publicadas *on-line* será coberto quando a bolsa inicial acabar. Já é bastante difícil conseguir que os livros se paguem quando são vendidos, exemplar a exemplar, nas livrarias ou pelo correio. A idéia de que autores podem colocar-se à frente de seus computadores e simplesmente elaborar suas grandes obras sem apoio externo não é realista.

Ainda estamos nos primeiros dias das novas tecnologias, e certamente é possível que sejam descobertas novas formas de lidar com esses problemas. Permanece a questão relativa à possibilidade de continuar a gastar o tempo, o esforço e o dinheiro necessários a certos livros que não são significativamente lucrativos quando impressos e ainda menos quando publicados *on-line*. Esses são freqüentemente os livros mais importantes, e os mais ameaçados. É essa a história que tento contar em *O negócio dos livros*. Deixo a cargo dos leitores decidir se concordam ou não com a análise que se segue.

EU MENCIONEI o fato de que *O negócio dos livros* sairá em diversos países. Isso se deve aos consideráveis esforços de nossos agentes internacionais, cujo trabalho foi muito além do que os modestos adiantamentos poderiam pagar, e eu sou muito grato a eles. Gostaria de mencionar particularmente Ursula Bender, que representa a New Press na Alemanha desde o começo da editora. Ursula foi responsável por encontrar um editor alemão para este livro, e muito mais. Durante os vários anos em que trabalhou na Pantheon como minha editora-assistente, ela foi uma figura fundamental no sucesso da empresa. Suas habilidades na área de comercialização e direitos foram responsáveis pelo sucesso de muitos de nossos livros. Quando eu enfatizei nestas páginas os aspectos editoriais do que a Pantheon conseguiu, deixei de dar a ela o enorme crédito que merece. Devo a ela minha gratidão e minhas desculpas por esse reconhecimento tardio.

Nova York, 2001.

Introdução

Quando a Random House comprou a venerável editora Alfred A. Knopf em 1960, a notícia foi publicada na primeira página do *New York Times*. Isso levou a procuradoria-geral a telefonar para Bennet Cerf, o diretor da Random House. Ao saber que o valor total das duas casas após a fusão estava abaixo de 15 milhões de dólares e que a fatia de mercado somada não chegava a 1% das vendas, o procurador expressou sua surpresa pelo destaque que aquela notícia recebera. Outro dia, uma história semelhante chegou às primeiras páginas da *Times* e de outros periódicos em todo o mundo. A compra da Time Warner pela America Online recebeu tratamento de manchete, e ninguém teve dúvida de que o negócio de 165 bilhões de dólares representava uma mudança fundamental na história do controle das comunicações pelas grandes corporações. Contudo, nessa ocasião, a procuradoria-geral não esteve do outro lado da linha, e todos os indícios apontam que esse acordo provavelmente não terá problemas com a legislação antitruste.

É preciso procurar com atenção para descobrir o pequeno papel que a publicação de livros desempenha na compra da Time Warner: 1,1 bilhão de dólares, para ser preciso. O setor de publicação de livros, com vendas totais anuais de 23 bilhões de dólares nos Estados Unidos, vem sendo gradual e rapidamente integrado a uma estrutura corporativa de mídia, na qual companhias isoladas valem mais do que todo o mercado editorial. (O valor que a AOL pagou pela compra foi mais de sete vezes o valor de todos os livros vendidos nos Estados Unidos em 2000. O mercado editorial está velozmente se transformando em uma pequena parcela do conjunto da indústria de comunicações.) Dificilmente uma semana passa sem que haja uma nova incorporação ou fusão. Nos últimos meses, a HarperCollins, de propriedade de Rupert Murdoch, comprou o que sobrou dos esforços editoriais de Hearst – uma jogada que incorporou a William Morrow e a Avon Books ao *holding* norte-americano da News Corporation. Dois meses após a incorporação, a HarperCollins demitiu oitenta dos duzentos empregados da Morrow. O anúncio de projetos de unificação de depósitos e outras instalações tornou previsível a absorção da Simon & Schuster pela HarperCollins. Do outro lado da cidade, a empresa alemã Bertelsmann deu início ao processo de consolidação de seu enorme *holding,* demitindo um grande número de altos executivos e fundindo segmentos semelhantes de seu império. A Bertelsmann também iniciou negociações para unir seus "clubes do livro", sob a direção geral de The Literary Guild, com o Book-of-the-Month Club, hoje propriedade da Time Warner. Atualmente, cinco grandes conglomerados controlam 80% das vendas de livros nos Estados Unidos. Em 1999, as vinte maiores editoras eram responsáveis por 93% das vendas, e as dez maiores ficavam com 75% dos rendimentos.[1]

A Time Warner, proprietária de Little, Brown and Company, assim como do Book-of-the-Month Club, é o maior dos conglomerados midiáticos do mundo, com faturamento de quase 31 bilhões de dólares em vendas. Em seguida, vem a Disney, que tem a editora Hyperion, com 24 bilhões de dólares em vendas, e agora a Viacom/CBS, que ainda é dona da Simon & Schuster, com cerca de 19 bilhões de dólares. A Bertelsmann fatura 16 bilhões de dólares, dos quais 34% vêm dos Estados Unidos, fruto da publicação de livros e de música.[2] A News Corporation, de Murdoch, é a menor das cinco grandes, com 14 bilhões de dólares em vendas, dos quais a HarperCollins é responsável por meros 764 milhões de dólares.[3]

Esses impérios de comunicação cresceram muito rapidamente. Em 1988, a Disney faturou menos de 3 bilhões de dólares, principalmente com seus filmes e parques de diversões; a Time apenas 4 bilhões de dólares; e a Warner só 3 bilhões de dólares. A Viacom gerou meros 600 milhões de dólares com seus negócios, há apenas 12 anos.[4] O crescimento desses gigantes deve-se principalmente a incorporações que permitiram a apenas muito poucas editoras independentes sobreviver, como veremos.

Agora que virtualmente toda a vida norte-americana é afetada pelo crescimento aparentemente interminável das grandes empresas, vale perguntar o que tudo isso significa. O que estamos testemunhando é algo realmente novo ou apenas a nova variação de um velho tema? Será que isso modificará fundamentalmente o que nós lemos e a qualidade dos livros que estão à nossa disposição? Afinal, cerca de 70 mil livros foram publicados ano passado nos Estados Unidos. Será que isso não é suficiente para todos os gostos?

As grandes editoras sempre estiveram entre nós. E, estudando o século XIX, nós também constatamos aqui e ali o registro de volumes de vendas substanciais – números que, proporcionalmente à população, freqüentemente são maiores que os de hoje. Mas a história editorial é muito mais do que uma relação de números de venda. As questões importantes concernem ao que é publicado, às opções disponíveis e às novas idéias, seja na ficção, seja na não-ficção, que eram oferecidas ao público. A história também levanta questões sobre o relacionamento entre alta cultura e grande público durante o processo de industrialização. Como as próprias editoras se transformaram e qual foi o efeito dessas mudanças nas pessoas que trabalhavam com edição de livros?

Teria sido muito útil à elaboração deste livro que grandes pesquisas estivessem disponíveis para registrar a especificidade dessas mudanças. Infelizmente, há pouco material sobre a histórias do mercado editorial norte-americano; o que há geralmente são levantamentos gerais. Há algumas memórias – surpreendentemente poucas

—, um punhado de biografias de editores norte-americanos e britânicos famosos e algumas histórias de empresas. Algumas, como o livro de Eugene Exman sobre a Harper's, são admiravelmente francas e fascinantes; outras são antes exercícios de relações públicas.[5] Este livro é em grande parte baseado em minha própria experiência de editor. Eu também conversei com muitos dos meus colegas, tanto nos Estados Unidos quanto no exterior, sobre como suas carreiras foram alteradas pelas mudanças no mercado.

Quero escrever uma parcela pequena, mas, espero, significativa dessa história, concentrando-me na análise das mudanças sobrevindas ao mercado editorial norte-americano ao longo da segunda metade do século passado. Eu começo no início da década de 1940, quando meu pai, Jacques Schiffrin, no exílio, ajudou a fundar em Nova York uma pequena editora chamada Pantheon Books, que, nos vinte anos de sua vida independente, trouxe muita literatura européia para os Estados Unidos. Por motivos que irei explicar mais tarde, eu me vi, a certa altura, inesperadamente, seguindo seus passos. Nos trinta anos durante os quais trabalhei na Pantheon, testemunhei tanto as conquistas quanto os fracassos das editoras independentes e seu desaparecimento final como força importante. Os desdobramentos dos últimos anos mostraram que a história da Pantheon não era única, como muitos inicialmente pensaram. Ela é interessante como exemplo precoce de um padrão que agora se tornou lugar-comum.

Antes de começar na Pantheon, trabalhei em uma das grandes editoras norte-americanas de livros para o grande público, a New American Library, que pertencia à empresa britânica Penguin Books, em cuja linha editorial se inspirava. Essa experiência moldou minha compreensão das transformações no mercado editorial de massa, particularmente nos Estados Unidos e na Grã-Bretanha, momento que considero um capítulo importante na história da cultura de massa.

Há uma década, após deixar a Pantheon, criei uma pequena editora independente e de interesse público, The New Press, que em seus primeiros anos revelou-se como uma possível alternativa ao crescente controle do mercado editorial pelos conglomerados.

NA EUROPA E NOS ESTADOS UNIDOS, o trabalho de edição de livros tem longa tradição de ser uma profissão intelectual e politicamente engajada. Os editores sempre se orgulharam de sua capacidade de equilibrar o imperativo de ganhar dinheiro com o de lançar livros importantes. Nos últimos anos, à medida que a propriedade das editoras mudou de mãos, essa equação foi alterada. Hoje, freqüentemente o *único* interesse do proprietário é ganhar dinheiro, e o máximo possível. Hoje se acredita amplamente que as abordagens que geram lucro para a indústria do entretenimento irão produzir resultados semelhantes quando aplicadas ao mercado editorial. A adoção dos padrões da indústria de entretenimento também fica evidente no conteúdo das listas dos mais vendidos, que arrolam um leque cada vez menor de livros relacionados às celebridades do momento e aos novos estilos de vida, com pouco valor intelectual ou artístico.

Na primeira metade do século XX, a suposição de que a maioria das pessoas queria apenas diversão nem sempre foi verdadeira (embora tanto o *1984* de George Orwell quanto o *Admirável mundo novo* de Aldous Huxley, escritos nos anos 1930 e 1940, tenham sido muito perspicazes em imaginar uma sociedade assim). Era uma época em que a maioria dos editores considerava sua missão atingir um grande público por intermédio de trabalho sério. Durante a Segunda Guerra Mundial, o mercado editorial compartilhou a mobilização da população, buscando apoiar o esforço de guerra, bem como entreter soldados e operários extenuados. Essa idéia de envolvimento civil otimista persistiu até o início da Guerra Fria, quando o mercado editorial fundamentalmente seguiu a diretriz dos outros meios de comunicação, estabelecendo linhas de batalha em um mundo cada vez mais polarizado.

O fim da Guerra Fria não teve uma influência intelectual benéfica no mercado editorial nem, de fato, em qualquer outro meio de comunicação. Nós perdemos boa parte de nossa curiosidade sobre o mundo comunista e o Terceiro Mundo, curiosidade que já tinha fornecido matéria-prima para grandes livros. Mas nós vimos o surgimento de uma nova ideologia em substituição àquela das democracias ocidentais, constituída por oposição ao bloco soviético. A crença no mercado, a fé em sua capacidade de conquistar tudo, a disposição de submeter todos os outros valores a ele – e mesmo a crença em que isso representa uma espécie de democracia de consumo –, essa se tornou a marca do mercado editorial.

É seguro dizer que o mercado editorial mudou mais nos últimos dez anos do que em todo o século anterior. Essas mudanças são mais óbvias nos países de língua inglesa, que, sob muitos aspectos, são modelos indicadores do que provavelmente irá acontecer no resto do mundo nos anos seguintes. Até pouco tempo atrás, as editoras eram em sua maioria pequenas e familiares, satisfeitas com os lucros modestos de um negócio que ainda se considerava ligado à vida intelectual e cultural. Recentemente, os editores foram colocados em um leito de Procusta e obrigados a se ajustar a um desses dois padrões: ou fornecedores de entretenimento ou produtores de informação. Isso deixou pouco espaço para livros com idéias novas e controvertidas ou com estilos literários questionadores.

Mais sobre esse processo será posteriormente apresentado neste livro; por ora, importa apenas perceber como os negócios se expandiram. As indústrias de comunicação são fundamentais para a economia norte-americana; aparecem em segundo lugar na pauta de exportações do país, atrás apenas da indústria aeronáutica. Dado o papel principal que os militares tiveram no desenvolvimento e na sustentação da aviação norte-americana, pode-se dizer que os produtos de mídia são os principais produtos de exportação civil. Cerca de 50 mil entidades ainda são reconhecidas como editoras pela Biblioteca do Congresso. Em torno de 5% delas, ou 2,6 mil, são grandes o bastante para serem reconhecidas pela Association of American Publishers, a associação empresarial das editoras norte-americanas. Em 1998, quase 2,5 bilhões de livros foram vendidos nos Estados Unidos – muito mais que em qualquer outro país ocidental – com o faturamento de 23 bilhões de dólares. Mas o tamanho do mercado em si não garante diversidade de conteúdo. Pelo contrário: os livros publicados se repetem cada vez mais. E, embora o lançamento de títulos nos Estados Unidos (70 mil novos livros por ano) pareça impressionante à primeira vista, ele na verdade é, *per capita*, menor que o de muitos outros países. Um número igual de livros é publicado na Inglaterra, que tem 1/5 da população dos Estados Unidos. A França, com uma população de aproximadamente 1/4 da dos Estados Unidos, lança 20 mil títulos, enquanto a Finlândia produz 13 mil, dos quais 1,8 mil são obras de ficção.

Quando observamos o passado norte-americano, é surpreendente ver como o mercado editorial costumava ser muito mais saudável. Na década de 1940, por exemplo, uma edição padrão do *New York Times Book Review* tinha 64 páginas, o dobro do tamanho da atual edição de domingo. Centenas de editoras tinham livros resenhados e anunciados naquelas páginas. A infra-estrutura das pequenas editoras e livrarias e dos clubes do livro independentes que existiam nos anos 1940 era capaz de atingir de modo eficaz um público muito grande. As mudanças das últimas décadas não foram motivadas pela necessidade de maior eficiência ou eficácia. Elas foram fruto de uma mudança de propriedade e objetivo.

Na década de 1850, a *Harper's* alardeava que "a literatura saiu em busca dos milhões, invadiu auto-estradas e vales, forçou sua entrada em casas de campo, fábricas, ônibus e vagões de trens e se transformou na coisa mais cosmopolita do século".[6] Romances populares, como os da hoje esquecida Mary Jane Holmes, vendiam cerca de 2 milhões de exemplares e eram reeditados em tiragens de 50 mil exemplares – isso quando a população do país era vinte vezes menor que a atual. O utilíssimo livro de James Hart, *The popular book: a history of America's literary trade*, está repleto de números impressionantes para os padrões atuais. Os livros não apenas tinham vendas enormes, mas exerciam grande influência. Um dos mais famosos, *A cabana do Pai Tomás* teve 100 mil exemplares vendidos nos primeiros meses e 300 mil no primeiro ano (o equivalente a 6 milhões de exemplares hoje), e colocou a opinião pública contra a escravidão. Mineiros nas jazidas de ouro da Califórnia pagavam 25 centavos de dólar, uma quantia considerável naqueles dias, para pegar o livro emprestado por uma noite. As obras de Henry George, o teórico da economia que defendia um "imposto único" sobre o crescente valor da propriedade, vendiam extremamente bem: 2 milhões de exemplares de seu famoso *Progress and poverty* e 3 milhões de exemplares dos outros livros. Essas obras não apenas atraíam um enorme público leitor, mas inspiravam movimentos sociais, como sucedeu também com o famoso romance utópico de Edward Bellamy, *Looking backward* (que vendeu mais de 1 milhão de exemplares por volta de 1900 nos Estados Unidos e na Inglaterra). Grupos de discussão e clubes foram criados em todo o país para colocar em prática as idéias contidas naquelas páginas.

Muitos dos livros mais populares na virada do século XIX são hoje considerados clássicos literários. Os livros mais emprestados pelas bibliotecas públicas são os de Sir Walter Scott, Charles Dickens, Leon Tolstoi, William Makepeace Thackeray, Nataniel Hawthorne, James Fenimore Cooper, Edward George Earle Lytton e George Eliot. Durante a década de 1920, freqüentemente considerada um período de uniformidade conformista, houve um grande debate em círculos intelectuais sobre os perigos da conformidade e mesmo sobre a própria idéia de *best-sellers*. Sinclair Lewis recusou o prêmio Pulitzer por *Arrowsmith* porque se opunha ao conceito de um melhor livro ou autor, crítica essa que teve grande repercussão na imprensa. Em seus primórdios, o Book-of-the-Month Club viu suas escolhas editoriais serem criticadas por intelectuais, um debate apresentado em detalhes em *A feeling for books*, de Janice Radway.[7]

Durante as décadas de 1920 e 1930, alguns dos livros mais lidos eram altamente críticos do *ethos* de sua época. *Main street*, de Sinclair Lewis, teve 400 mil exemplares vendidos em 1920; *Rainha Vitória*, de Lytton Strachey, 200 mil. Também na Europa se observava semelhante demanda por obras sérias. *Os Buddenbrooks*, de Thomas Mann, teve mais de 1 milhão de exemplares vendidos só na Alemanha, onde as vendas de *Nada de novo no* front, de Erich Maria Remarque, alcançaram os mesmos patamares.[8]

Com a Segunda Guerra Mundial, os leitores voltaram-se para livros mais políticos. Em 1940, o *Minha luta* de Adolf Hitler foi um sucesso de vendas, assim como a série de livros "Inside", de John Gunter, e *Por quem os sinos dobram*, de Ernest Hemingway, ambientado na Guerra Civil Espanhola, que em 1946 já tinha vendido 1 milhão de exemplares. *Diário de Berlim*, de William Shirer, vendeu 500 mil exemplares em 1941, e o programático *One world*, de Wendell Wilkie, vendeu 1 milhão. Os norte-americanos começaram a ler livros de Walter Lippmann e Sumner Welles, de ex-embaixadores como Joseph Grew (Japão) e Joseph Davies (Rússia), cujo *Mission to Moscow* inspirou o roteiro de um famoso filme de Hollywood. Além dos milhões de livros comprados por civis, 119 milhões de exemplares foram distribuídos em edições gratuitas especiais para as forças armadas.

É apenas no período imediatamente posterior à guerra que começamos a ver o índice de leitura dos Estados Unidos tender à estagnação. Um estudo publicado em 1949 sob os auspícios do Social Science Research Council mostrou que o hábito de leitura estava decaindo, seguindo um padrão previsível.[9] Dos vinte livros de ficção mais vendidos em 1947, apenas um autor não tinha aparecido em uma lista anterior. Os autores mais populares daquele ano constituíam um verdadeiro *hall* da fama da cultura média: Thomas Costain, com seu livro *The black rose* (que vendeu 1,3 milhão de exemplares no ano anterior), Kenneth Roberts, Somerset Maugham, Samuel Shellaburger, A. J. Cronin, John P. Marquand, James Hilton e Frank Yerb, cujo *Little foxes* vendeu 1,2 milhão de exemplares. (Apenas John Steinbeck e Sinclair Lewis ofereciam jornadas literárias mais exigentes.) *Duel in the sun*, de Nevin Busch, atrelado ao filme, teve fenomenais 2,3 milhões de exemplares vendidos.

As listas de mais vendidos em não-ficção eram igualmente dominadas por títulos de classe média e populares, incluindo a *História da filosofia* de Will Durant, *A história da humanidade*, de Hendrik Van Loon, e o onipresente livro de Dale Carnegie sobre fazer amigos e influenciar pessoas, que vendeu mais de 1 milhão de exemplares em capa dura e mais de 2 milhões em uma edição popular da Pocket Books.

Nessa época, a maioria das editoras ainda pertencia às pessoas que as tinham criado; apenas algumas poucas se tinham transformado em sociedades acionárias. Claro que a maioria dos editores nos Estados Unidos e na Europa estava interessada tanto no lucro quanto na literatura. Mas compreendia-se que certas categorias de livros, particularmente a nova ficção e a poesia, estavam fadadas a fazer perder dinheiro. Acreditava-se que apostar em autores era um investimento para o futuro e que eles permaneceriam fiéis aos editores que os tinham descoberto e apoiado. Roubar autores de outras editoras não era considerado algo justo. No conjunto, os editores reconheciam que iriam perder dinheiro ou, na melhor das hipóteses, equilibrar o investimento com seus livros comerciais. O lucro viria com a venda de direitos subsidiários – vendas para clubes do livro ou editores de livros de bolso.

Mesmo algumas das editoras voltadas para o grande público estavam tentando ampliar fronteiras, buscar novos leitores e elevar o nível geral de educação e conhecimento. A mais notável delas foi a New American Library of World Literature, onde eu comecei a trabalhar como editor. A NAL era originalmente a filial norte-americana da Penguin britânica, à qual deveu muito de sua linha editorial. A Penguin era a mais bem-sucedida e influente das antigas editoras voltadas para o grande público, e sua política foi reproduzida por toda a Europa e pelas Américas. Criada na década de 1930 por um prático homem de negócios chamado Allen Lane, ela empregou muitos editores-chefes talentosos e dedicados, entre os quais V. K. Krishna Menon, que mais tarde se tornou o controvertido e dedicado embaixador da Índia nas Nações Unidas. Como já foi amplamente discutido, especialmente em *The uses of literacy*, de Richard Hoggart, a Penguin começou a oferecer ao leitor britânico não apenas o melhor da ficção contemporânea, mas também uma gama de títulos substanciais e educativos. A Penguin encomendou um impressionante conjunto de obras originais sobre ciência, ciências sociais e mesmo história da arte para sua coleção "Pelican". A maioria desses livros tinha um cunho marcadamente progressista, e freqüentemente estava intimamente ligada à política da esquerda britânica da época, embora tais obras fossem dirigidas a um público geral e não tivessem nenhuma tendência partidária particular. A Penguin começou a lançar as histórias de cada um dos principais países, livros sobre questões públicas contemporâneas e uma grande variedade de títulos que apresentavam novas idéias e informações para o povo inglês em geral, que, em sua maioria, não tinha acesso à educação após os 16 anos de idade. (Em 1957, quando eu era aluno da University of Cambridge, 83% dos jovens ingleses deixavam a escola com essa idade.) O sucesso da Penguin impulsionou a sociedade inglesa nas décadas de 1930 e 1940 e ajudou a construir o apoio que levou a uma vitória esmagadora dos trabalhistas no final da guerra.

As pessoas de esquerda não eram as únicas preocupadas em atingir um grande público leitor. A batalha por esse público foi dura, uma história que ainda precisa ser estudada na literatura editorial. A rede britânica de livrarias e bancas W. H. Smith, criada na década de 1850, mantinha um controle conservador sobre os livros vendidos ao público geral. Ainda na década de 1960 a Smith ficou famosa por vetar periódicos levemente subversivos como o *Private Eye* e por estar bem atenta a coisas que pudessem atingir leitores suscetíveis.

A Hachette, grande monopólio francês de edição e distribuição, seguiu cuidadosamente o exemplo britânico e montou uma rede de livrarias semelhante, também baseada em bancas de jornal localizadas nas principais estações de trem do país. Mas como nos anos de 1850 a França ainda era em grande medida uma ditadura, a Hachette foi obrigada a prometer que não iria distribuir nada que pudesse desagradar ao governo e, especificamente, que iria "banir todas as publicações que pudessem despertar paixões políticas, bem como qualquer texto contrário à moralidade". Isso incluía o *A vida de Jesus*, de Ernest Renan, as obras de socialistas, outros trabalhos que pudessem encorajar a subversão da ordem pública e qualquer livro suspeito de seguir tendências libertinas.[10]

Uma das formas de driblar esse controle conservador das distribuidoras de livros era descobrir canais alternativos de distribuição. Isso foi conseguido com sucesso na Grã-Bretanha pelo Left Club Book, criado pelo popular editor Victor Gollancz. Os títulos de Gollancz alinhavam-se, na sua maior parte, à orientação política do Partido Comunista. Os primeiros livros de George Orwell, como *O caminho para Wigan Pier*, foram publicados pelo Left Club Book, enquanto algumas de suas outras obras, entre elas *Homenagem à Catalunha*, foram rejeitadas pela direção editorial em função de sua crítica justificadamente dura à Rússia. (Estas foram publicadas por editoras de esquerda mais independentes, neste caso Secker & Warburg.) Mas, apesar de sua filiação partidária, o Left Book Club tinha cerca de 50 mil membros e oferecia centenas de milhares de estudos acadêmicos importantes para uma enorme parcela da população. As obras de Edgar Snow, como *Estrela vermelha sobre a China*, saíram por esse selo, bem como grandes livros que propunham explicações para a ascensão do fascismo alemão e para o iminente conflito na Europa. Tais livros, vendidos às dezenas de milhares por preços muito próximos aos da Penguin, ajudaram a criar uma vanguarda bem-informada de opinião pública esquerdista. Hoje, títulos como esses são lançados em pequenas edições por editoras universitárias a preços proibitivos em função da suposição de que simplesmente não há grande público para eles. Mas a experiência dos anos 1930, claramente favorecida pelo ímpeto político geral da sociedade da época, mostrou que é possível conquistar um público muito grande com livros difíceis sobre temas políticos que freqüentemente devem ter parecido muito distantes das preocupações cotidianas da maioria dos leitores. Gollancz, um divulgador altamente ativo e eficiente, foi além de seu mercado básico. Um livro de John Strachey, *Why you should be a socialist*, vendeu 300 mil exemplares a dois *pence* cada. Em 1938, vislumbrando o possível início da guerra, Gollancz lançou-se ainda mais à busca do grande público, editando panfletos antinazistas para distribuição gratuita, um com tiragem de 2 milhões e outro com tiragem de 10 milhões de exemplares. Mas Gollancz e o grande grupo de intelectuais que tentavam conter Hitler não foram bem-sucedidos. A *Blitzkrieg* logo levou as tropas alemãs a ocuparem a maior parte da Europa, produzindo grandes e terríveis mudanças e levando vários europeus a se refugiar nos Estados Unidos.

UM

Boa leitura para poucos
e para milhões

EM 1941, NOVA YORK tinha uma pequena colônia francesa, formada basicamente por pessoas que tinham ido para os Estados Unidos antes da guerra e que estavam envolvidas no ramo de restaurantes e em outros pequenos negócios. A esse número foi então acrescido um grupo de intelectuais e políticos exilados, em sua maioria muito mais determinados em sua oposição ao regime de Vichy do que aqueles que tinham migrado antes. Assim, a comunidade francesa foi dividida entre aqueles que eram a favor de Philippe Pétain, que como muitos de seus compatriotas na França estavam esperando para ver o que ia acontecer e podiam ser descritos como *attentistes*, e o pequeno número comprometido com Charles de Gaule ou seu rival, o general Henri Giraud.[11]

A Fundação Rockefeller e outras instituições tentaram conseguir vistos para acadêmicos franceses e instalá-los em universidades norte-americanas. Contudo, em sua maioria, esses esforços foram duplamente frustrados, primeiramente por um departamento de Estado a todo custo determinado a manter baixo o número de refugiados judeus vindos da Europa, e também por uma forte oposição de várias universidades norte-americanas. Grandes instituições, como a Harvard, das quais se poderia esperar uma boa recepção aos acadêmicos refugiados, opuseram uma resistência sólida, abertamente xenófoba e anti-semita. Embora o número de exilados e sua influência tenham sido assim limitados, uma importante presença intelectual logo seria estabelecida por Claude Lévi-Strauss, Georges Gourevich e outros – uma universidade no exílio foi criada na New School de Nova York.

Apesar de cotas e de outros obstáculos, centenas de milhares de refugiados foram para os Estados Unidos depois do início da guerra na Europa. O maior grupo – cerca de 300 mil – saiu da Alemanha e da Áustria. Entre eles estavam importantes editores, vários dos quais decididos a criar suas próprias editoras no exílio. Alguns, como a família da Fischer Verlag, continuaram a publicar em alemão. Outros tentaram criar coleções em inglês, algumas vezes em áreas muito diferentes daquelas de que se tinham ocupado em sua terra natal. L. Kagan, por exemplo, editor da Petropolis, de Berlim, conhecido na Europa da década de 1920 por publicar os escritores exilados russos da época, reencarnou dirigindo a editora da International University, fundada pouco antes e especializada em textos psicanalíticos freudianos. A figura mais importante para a minha história é Kurt Wolff, um dos mais importantes editores alemães dos anos 1920 e 1930, conhecido por ser o primeiro a publicar Franz Kafka. Wolff criou a Pantheon Books em Nova York no ano de 1942 com sua esposa, Helen, e um sócio norte-americano, Kyrill Schabert. Meu pai, Jacques, logo se juntaria a eles.

Nascido na Rússia em 1892, meu pai foi para a França pouco depois da Primeira Guerra Mundial, onde começou sua carreira de editor e tradutor. Com muito poucos recursos, ele começou a publicar clássicos franceses e, com seu novo amigo André Gide, traduziu para o francês diversos clássicos russos, cujas edições ainda estão em catálogo. Ele batizou sua editora de Editions de La Pléiade, e na década de 1930 concebeu a hoje famosa coleção "Pléiade" de clássicos mundiais. O objetivo original da Pléiade era tornar disponível, a preços acessíveis, as melhores obras literárias, embora hoje a coleção seja vendida em edições luxuosas.

O empreendimento foi tão bem-sucedido que o pequeno capital do meu pai logo se mostrou insuficiente. Ele procurou a Editions Gallimard, se juntou a ela em 1936 e passou a dirigir a Pléiade dentro da estrutura muito mais rica daquela empresa. Acredito que ele esperava passar o resto de sua vida útil na Gallimard. Mas sobreveio a guerra e, embora estivesse com bem mais de 40 anos de idade, meu pai foi convocado pelo exército francês. Pouco depois da ocupação da França, ele descobriu que o novo "embaixador" alemão, Otto Abetz, tinha uma lista de pessoas, principalmente judeus, que deveriam ser expurgadas do mundo cultural francês. Abetz tinha trabalhado na França antes da guerra e conhecia bem a vida intelectual e social do país. Certa vez ele afirmou que as instituições fundamentais na França eram os bancos, o partido comunista e a Gallimard.[12] Para ser útil a Abetz, a Gallimard precisava ser *arianizada*. Meu pai era o único judeu conhecido trabalhando na empresa, e pouco depois da derrota francesa, em 20 de agosto de 1940, ele recebeu da Gallimard uma carta de duas linhas informando que já não era mais seu empregado. Embora essa medida tenha sido tomada sob o efeito da pressão direta das forças de ocupação alemãs, a família Gallimard compreensivelmente preferiu esquecer esse fato e durante muitos anos não foi feita qualquer menção ao papel de meu pai no processo de união da Pléiade com a Gallimard ou à sua posterior partida. Desde então, a Pléiade se tornou a espinha dorsal da Gallimard. Mesmo depois da publicação da versão francesa deste livro em 2000,[13] a Gallimard continua a negar o que aconteceu durante a guerra, alegando à imprensa que meu pai tinha deixado a França em 1939, apesar de todas as provas em contrário. Um importante relato desses acontecimentos pode ser encontrado em uma notável história do mercado editorial francês sob a ocupação alemã, de Pascal Fouché.[14]

Judeu de origem estrangeira, e identificado como tal, meu pai naturalmente sentiu que permanecer na França significaria viver à espera de uma sentença de morte. Após ter sido dispensado do exército francês, passou um ano em uma desesperada busca por vistos, autorizações de partida e passagens rumo à segurança para ele, sua esposa, Simone, e seu filho de seis anos de idade – eu. Isso nos levou a percorrer uma rota de fuga cuidadosamente delineada que partia do norte da França ocupada para a região Sul não-ocupada, onde durante alguns meses vivemos em um apartamento em St. Tropez que tinha sido nossa casa de veraneio. Finalmente, graças à intervenção do heróico Varian Fry, o norte-americano enviado à França para ajudar alguns intelectuais que claramente estavam correndo riscos, os papéis necessários foram obtidos e nós deixamos Marselha de barco, rumo a Casablanca, na primavera de 1941. A maior parte de nossos companheiros de viagem era de exilados alemães. Eu ainda me lembro das bandejas de passaportes com a suástica no convés do navio. Quando chegamos, o governo francês de Vichy cinicamente insistiu que os hotéis de Casablanca estavam superlotados de refugiados e que nós teríamos de ser transferidos para o deserto, onde as condições de vida eram terríveis. Graças à intervenção de Gide, que nos emprestou seu apartamento em Casablanca, fomos poupados desses campos de concentração no deserto. Após alguns meses de espera em Casablanca, seguimos para Lisboa, chegando então a Nova York em agosto de 1941. Foi lá que, alguns meses depois, meu pai assumiu o desafio de voltar a editar, em francês, em um país estrangeiro.

Em 1942, com um pequeno capital obtido com amigos, ele deu início a uma coleção de livros com seu nome, que levou os escritos da Resistência Francesa aos Estados Unidos pela primeira vez. *O silêncio do mar*, de Vercors, foi publicado em Nova York pouco depois da RAF, a força aérea inglesa, lançar seus exemplares sobre a França. Os outros livros da resistência incluíam *L'Armée des ombres*, de Joseph Kessel, e uma coletânea de poemas de Louis Aragon, publicada à moda francesa. Esses livros deram aos franceses do Novo Mundo alguma ligação com o que estava acontecendo na Europa. Contratos para diversos títulos logo foram assinados com editores da América Latina que também se interessaram. Victoria Ocampo, das Ediciones Del Sur, de Buenos Aires, esteve entre aqueles que acompanharam de perto o que estava sendo publicado pelos exilados em Nova York, e logo foram lançadas edições argentinas de vários desses livros.

Quando eu era garoto, freqüentemente descia para visitar meu pai no seu escritório. Embora, como a maioria das crianças, eu ficasse fascinado com o trabalho do meu pai, não me ocorreu que poderia seguir seus passos. Suas várias habilidades, incluindo a facilidade para diversos idiomas e a capacidade de projetar belos livros, pareciam inteiramente além das minhas próprias. Embora eu gostasse de ouvir as conversas em casa com seus colegas de exílio, como Hannah Arendt e os poucos norte-americanos com os quais meus pais tinham feito amizade, as preocupações deles pareciam muito distantes do meu mundo adolescente. Eu certamente não era um daqueles rebentos de editora que supõem que a empresa dos pais é automaticamente parte de seu futuro. A experiência do exílio era dramática, e sugeria um mundo perdido, que jamais seria recuperado.

Mais tarde, naquele mesmo ano, pouco depois da criação da Pantheon Books, meu pai se aliou a Kurt Wolff. A Pantheon já tinha começado a publicar uma coleção de sóbria importância cultural e literária em inglês e alemão. Os escritórios da empresa eram como um improvável oásis em plena Washington Square, em Nova York, instalados em uma das casas georgianas que cercavam o sul do parque, no local conhecido como "travessa dos gênios" por causa daquele pequeno grupo de europeus que se esforçava para descobrir que aspectos de sua cultura poderiam ser aceitos pelo leitor norte-americano. Ocorre a mim agora que eu nunca soube que idioma eles falavam entre si. Seria francês ou alemão? Certamente não era inglês.

Os primeiros sucessos comerciais da Pantheon foram poucos, mas ela logo começou a publicar importantes obras literárias. Gide mandou da Tunísia suas *Intervues imaginaires*, bem como *Theseus*, ambos publicados pela primeira vez na coleção em língua francesa de meu pai, assim como *O estrangeiro*, de Camus, que mais tarde a Knopf publicou em inglês. Da mesma forma, os Wolff buscaram publicar obras exemplares da cultura alemã, como os poemas de Stefan George, lançados em edição bilíngüe, um livro que, é possível imaginar, foi lido por um número muito pequeno de norte-americanos. Outras traduções incluíram obras de Paul Claudel, Charles Péguy, Georges Bernanos e Jacques Maritain. Mas, embora o público de língua francesa e alemã fosse comprador entusiasmado desses trabalhos, ele era pequeno, e o público norte-americano continuava, em grande parte, a ignorar tais obras.

O fato de que os refugiados interessavam-se muito mais pelos lançamentos da Pantheon do que a população nativa ficou demonstrado com a procura por *A morte de Virgílio*, de Hermann Broch. Broch tinha sido um dos principais romancistas experimentais na Europa do período entre guerras, e seu primeiro romance, *O sonâmbulo*, foi considerado um dos livros mais importantes daquela época. Após a ascensão dos nazistas, ele foi preso pela Gestapo e permaneceu cinco meses detido. Finalmente conseguiu escapar com a ajuda de James Joyce e outros. Ele escreveu nos Estados Unidos seu novo grande romance, *A morte de Virgílio*. A Pantheon publicou esse livro reconhecidamente difícil em duas edições: 1,5 mil exemplares impressos em inglês e o mesmo número em alemão. A edição em alemão esgotou-se imediatamente; foram precisos vinte anos para que os exemplares em inglês fossem vendidos.

Além do tradicional isolacionismo norte-americano, a Pantheon tinha de enfrentar a hostilidade aos alemães durante os anos de guerra. Um dos exemplos foi a recepção gerada pela publicação da primeira tradução completa dos contos de fadas de Grimm. Embora alguns resenhistas tivessem lidado civilizadamente com o livro, outros aproveitaram a oportunidade para escrever longos comentários sobre a brutalidade inerente à alma alemã. Mas a integridade dos primeiros lançamentos da Pantheon foi elogiada por alguns poucos comentaristas perspicazes. Helmut Lehmann-Haupt, pai do atual crítico de literatura do *New York Times*, escreveu em *The Book in America*:

A coisa mais significativa em relação à Pantheon Books é o fato de que ela não lançou um único título banal ou meramente popular, um único livro escolhido basicamente por suas possibilidades de lucro. Todos os livros em seu catálogo são de inquestionável valor cultural ou de indubitável significado artístico, ou uma verdadeira tentativa de contribuir para a solução do dilema intelectual e espiritual destes anos difíceis.[15]

Claro que Lehmann-Haupt era ele mesmo integrante da geração de exilados que acompanhava o catálogo da Pantheon.

Com o fim da guerra, a imprensa voltou a se interessar pelo que estava acontecendo na Europa. O *New York Times*, por exemplo, freqüentemente dedicava uma de suas páginas de resenhas a uma carta literária vinda de uma capital européia. O interesse dos norte-americanos por ficção estrangeira, porém, não refletia essa mudança. Apenas na década de 1950 o livro *Os mandarins*, de Simone de Beauvoir, chegou à lista dos mais vendidos, o único sucesso do gênero em décadas.

Nesse meio tempo, um improvável conjunto de títulos esotéricos deu à Pantheon, inesperadamente, o seu maior sucesso comercial. Influenciados por sua vida na República de Weimar, os Wolff partilhavam o interesse alemão daquela época por filosofia e religiões orientais. Assim, eles estiveram entre os primeiros a publicar livros sobre zen-budismo nos Estados Unidos. Um deles, *A arte cavalheiresca do arqueiro zen*, do acadêmico alemão Eugen Herrigel, tornou-se um *bestseller* perene para a Pantheon. Um livro sobre como praticar arco-e-flecha sem arco e sem flecha certamente iria criar certa dose de incredulidade – os compradores da mais sofisticada loja de produtos esportivos de Nova York, a Abercrombie & Pitch, que concordaram em ficar com alguns exemplares, estavam inseguros acerca dos possíveis prejuízos que a circulação dessa obra poderia acarretar à venda de equipamentos de arco-e-flexa –, mas ele conquistou a imaginação do público e vendeu centenas de milhares de exemplares.

Outro inesperado golpe de sorte inicial aconteceu por intermédio de Mary Mellon, a esposa do filantropo e colecionador de arte milionário Paul Mellon, cujo pai, Andrew, era ex-secretário do Tesouro e benemérito da United States National Gallery. Mary tinha sido analisada por C.G. Jung e queria homenageá-lo criando uma coleção que reunisse sua obra completa em inglês, bem como livros de importantes estudiosos junguianos, muitos deles igualmente exilados alemães.

É curioso imaginar o relacionamento entre uma das mulheres mais ricas dos Estados Unidos e os sócios da Pantheon, dois intelectuais europeus esplêndidos, mas claramente pobres. Uma lenda familiar falava da primeira visita de Mary ao pequeno escritório de meu pai, com vista para a Washington Square. Ele estava assinando uma carta, e ergueu os olhos rapidamente para dizer: "Por favor, pegue uma cadeira". Depois ele a deixou esperando por mais alguns minutos, provavelmente de propósito. Mary pigarreou e disse: "Talvez o senhor não saiba quem eu sou. Eu sou Mary Mellon". Ao que meu pai retrucou: "Oh, lamento muito; por favor, pegue duas cadeiras". Verdadeira ou não, a história sugere que ele queria deixar claro que a riqueza de Mary não significava que ela seria a patroa e ele apenas um empregado. Tanto Kurt Wolff quanto meu pai desempenharam um papel ativo, sugerindo títulos e ajudando a dar forma a esse novo e único empreendimento editorial.

Com o substancial apoio dos Mellon, a Pantheon começou a publicar a coleção "Bollingen", batizada com o nome da casa de campo de Jung. Meu pai projetou os primeiros livros da Bollingen, incluindo os poemas reunidos de St. Jean Perse, que até hoje continuam a ser um exemplo do que pode ser feito quando dinheiro e bom gosto são combinados para produzir um grande trabalho. Paul Rand foi o responsável por muitas das capas, e os títulos da coleção como um todo conquistaram a fama de estar entre os livros mais bonitos já publicados nos Estados Unidos.

Embora a coleção "Bollingen" tenha desempenhado um papel imprevisto e importante na cultura geral norte-americana ao longo dos anos que se seguiram, as obras originais eram eruditas e altamente exigentes. Wolff e meu pai fizeram um grande esforço para publicar as obras de intelectuais exilados sempre que elas podiam ser encaixadas na proposta da Bollingen. Um dos primeiros livros do tipo foi o de Max Raphael, um crítico de arte marxista que meu pai tinha conhecido na França. Na época, mesmo livros que se desviavam da trilha junguiana encontravam espaço no catálogo. Meu pai acertou a publicação dos três volumes da *Psychologie de l'Art*, de André Malraux, e os trabalhos reunidos de Paul Valéry e Miguel de Unamumo. Por causa da influência de Jung e do interesse dos Wolff no Oriente, também se publicaram obras como o denso estudo de Heinrich Zimmer sobre a arte indiana. A isso se seguiram as obras de Joseph Campbell, extremamente influentes nos anos 1960. Mas esses sucessos inesperados pareceram pequenos quando a coleção "Bollingen", refletindo o interesse junguiano em religiões de todo o mundo, lançou a primeira tradução completa do *I Ching*. Era difícil imaginar um livro mais hermético, mas ele já tinha influenciado compositores como John Cage e outros intelectuais interessados na relação entre acaso e probabilidade na vida cotidiana. O livro se mostrou um companheiro perfeito para a florescente contracultura dos anos 1960, e foi vendido um número gigantesco de exemplares – mais de 1 milhão em capa dura. Dessa forma, os editores refugiados deram uma inesperada contribuição à cultura popular, enquanto seus dedicados esforços para levar aos leitores norte-americanos o melhor da tradição literária européia permaneceram em sua maioria ignorados.

A saúde de meu pai tinha sido gravemente afetada durante a guerra, quando, como soldado relativamente velho, enfrentou as duras condições da vida militar. Sua saúde frágil o tinha impedido de voltar à França com o final do conflito, como ele originalmente esperava fazer, e seu estado piorou ainda mais no final da década de 1940. Ele morreu de enfisema em 1950, e, com sua morte, os laços familiares com a Pantheon foram rompidos, para sempre, presumi. Eu continuei a acompanhar a trajetória da Pantheon à distância e vi quando ela foi dramaticamente modificada por uma série de acontecimentos imprevistos.

Um deles se passou em Aspen, Colorado, em 1949, aonde Kurt Wolff havia ido para uma cerimônia em memória do centenário da morte de Goethe, organizada por outro exilado alemão, o *designer* Paepke, grande influência na American Can Corporation, uma das maiores empresas norte-americanas. Por acaso, Wolff estava sentado junto a Anne Morrow Lindbergh, cujos laços com a Alemanha são todavia freqüentemente esquecidos (seu marido, Charles, ficou famoso na década de 1930 como um dos principais defensores norte-americanos de uma posição isolacionista, pró-alemã e mesmo anti-semita). Wolff descobriu que Anne estava trabalhando em uma coletânea de ensaios contemplativos. Publicada como *Gift from the sea*, essa coletânea se tornou um *best-seller* fenomenal e foi um dos sucessos que levou à transformação da Pantheon.

No final da década de 1950, a Pantheon lançou uma tiragem de 4 mil exemplares de um difícil romance russo. A concessão do Prêmio Nobel a seu autor, Bóris Pasternak, transformou *Dr. Jivago* em um *best-seller* internacional, e a Pantheon se viu inundada de pedidos, vendendo mais de 1 milhão de exemplares em capa dura e outros 5 milhões em brochura. Esse sucesso foi seguido por *O leopardo*, de Giuseppe di Lampedusa, e em poucos meses a Pantheon tinha se transformado de uma pequena editora esforçada em uma empresa extremamente lucrativa.

Como costuma ser o caso, o dinheiro iria mudar o futuro da empresa de modo irreversível. Começaram a surgir desavenças entre os Wolff e seu sócio norte-americano, e eles decidiram retornar à Europa, instalando-se na Suíça, de onde esperavam continuar comandando os rumos editoriais da empresa. Tal acerto teria sido difícil na melhor das condições, mas se mostrou impossível com a crescente tensão entre os fundadores. A sociedade original logo foi rompida. Os Wolff partiram para uma ligação com a Harcourt Brace, onde continuaram a publicar por muitos anos. Privados de sua liderança editorial, os acionistas da Pantheon decidiram que era hora de vender a empresa, e Bennett Cerf, presidente da Random House, apresentou-se como comprador interessado. A empresa de Cerf tinha lançado ações em 1959 e, cheia de dinheiro, comprara a importante empresa de Alfred A. Knopf, conhecida por seus livros sérios sobre a vida e a história norte-americanas, bem como por seu bem-sucedido catálogo de traduções. Assim, a Random se tornou uma das mais importantes editoras dos Estados Unidos. A compra da Pantheon em 1961 (por menos de 1 milhão de dólares) acrescentou um elemento importante ao catálogo coletivo do império Random, prenúncio de um promissor recomeço para sua última aquisição.

❦

EMBORA EU TIVESSE acompanhado de longe a evolução da Pantheon, nunca esperei conseguir um emprego lá. Os Wolff tinham seus próprios filhos, que seguiriam seus passos, eu supunha. Mas eu era atraído pela edição, e estava particularmente interessado no tipo de livro que atingia um grande público. Nos verões, quando ainda estava na faculdade, trabalhava por meio expediente na New American Library, e, em 1959, recebi uma oferta de emprego, no departamento de vendas universitárias.

Os livros publicados pela NAL eram herdeiros da tradição geral criada pela Penguin, que buscava provocar o debate político e intelectual em grande escala. Os editores da Penguin e, posteriormente, os da NAL acreditavam que questões fundamentais não deveriam ser decididas apenas por uma elite de especialistas e políticos, e imaginavam que a população como um todo ficaria interessada e profundamente envolvida nas discussões. Eu me lembro de, ainda quando estava na escola, receber a revista *My Weekly Reader*, enviada para jovens com idades a partir de 12 anos; ela trazia debates sobre qual deveria ser o futuro dos Estados Unidos em questões como moradias populares e eletrificação rural. Era parte da euforia e do otimismo do período pós-guerra que mesmo crianças em idade escolar estivessem interessadas em temas que hoje seriam descartados como herméticos e distantes demais, a não ser para um pequeno número de adultos. A NAL era uma grande editora de livros populares. Nos Estados Unidos, as edições baratas começaram a atingir o grande público no final da década de 1930, graças a Pocket Books. As novas brochuras eram distribuídas para as quatrocentas livrarias que, na época, cobriam todos os Estados Unidos, e também para outros pontos-de-venda – as tabacarias famosas, bancas de jornal, farmácias e similares –, que chegavam a 70 mil. Esses estabelecimentos tinham sido parte da antiga rede de distribuição de revistas criada depois da Lei Seca por ex-contrabandistas de bebidas como Annenberg, inicialmente para distribuir o programa das corridas. Esses novos distribuidores logo se ocuparam de uma gama maior de revistas e, depois, do negócio de livros, com grande sucesso. Eles tratavam os livros como periódicos, devolvendo os exemplares não vendidos no final do mês. Esse novo sistema funcionou extremamente bem e resultou em vendas extraordinárias. O título de maior sucesso da NAL em todos os tempos, *Tobacco Road*, de Erskine Caldwell, teve 4 milhões de exemplares vendidos nos dois primeiros anos, com o restante da obra do autor vendendo outros 4 milhões. *Studs Lonigan*, de James T. Farrell, que teve apenas quinhentos exemplares em capa dura vendidos no seu primeiro ano, vendeu mais de 350 mil em brochura. Quase 50 milhões de livros de bolso eram comprados por ano, aproximadamente 1/5 de todos os livros vendidos. Um número substancial de leitores comuns rapidamente foi conquistado pelo novo formato. Esses livros freqüentemente eram baseados nas antigas revistas populares como *True Detective* e *True Romance*, bem como em pequenos livros de faroeste. Na década de 1940, eram vendidas 10 milhões de revistas por semana, e também a fenomenal cifra de 25 milhões de histórias em quadrinhos, de modo que os livros propriamente ditos, mesmo nos novos formatos, ainda respondiam por uma percentagem relativamente pequena do material de leitura comercializado no país como um todo.[16]

Em grande medida, os novos catálogos de brochuras dos anos 1940 reproduziam a tendência comercial da maioria dos *best-sellers* da década anterior. Livros como *A ponte de São Luís Rei*, de Thornton Wilder, os romances de Zane Grey e livros extremamente populares como *Forever amber* repetiram em brochura suas vendas iniciais em capa dura. Contudo, a NAL considerava tarefa sua ir além dos livros de faroeste e policiais, oferecendo uma seleção bem mais intelectualizada. Seguindo o exemplo do selo Pelican, da Penguin, ela criou a coleção "Mentor", com o *slogan* "boa leitura para milhões".

A NAL publicou toda a obra de William Faulkner e diversos escritores realistas contemporâneos, como Curzio Malaparte e Pier Paolo Pasolini. Entre seus primeiros livros estavam *Martin Eden*, o clássico radical de Jack London, e *Coração solitário caçador*, de Carson McCullers. Ao mesmo tempo, os leitores da coleção "Mentor" podiam comprar *Coming of age in Samoa*, de Margaret Mead, ou *Sweeden: The middle way*, de Marquis Child. Eu me lembro de, na adolescência, ter comprado um livro da Mentor chamado *The christian demand for social justice*, um título que hoje não se encontraria em lojas de aeroporto.

Esses livros custavam de 25 a 35 centavos de dólar, o preço de um maço de cigarros. Um dos mais caros que nós publicamos foi a *Lonigan trilogy*, de James T. Farrell. Era tão grande que precisamos cobrar cinqüenta centavos por ele. O pessoal de vendas finalmente decidiu que a lombada do livro deveria ser dividida em duas, de maneira que o comprador visse que estava levando dois livros e não se sentisse roubado.

As capas das edições eram uniformemente sensacionalistas. Se o leitor não olhasse o título, teria dificuldade em saber se o que tinha em mãos era de Mickey Spillane ou de William Faulkner. Embora Faulkner fosse descrito nas capas de todas essas brochuras como o autor de *Santuário*, um livro que tinha sido lido basicamente por seu forte componente sexual, na verdade toda a sua obra estava disponível. Apenas muitos anos depois seus livros se tornariam material obrigatório nos cursos universitários, ironicamente perdendo a maior parte do público popular ao serem elevados ao estatuto de cânone.

A NAL era dirigida por uma dupla bastante estranha, dois personagens que não poderiam ser mais diferentes. Victor Weybright, o editor-chefe, era um homem grande e empolado, envaidecido com seu esnobismo e suas pretensões. Suas paredes eram cobertas pelas habituais fotografias de autores, mas também por retratos dele mesmo com a roupa rosa choque da Maryland Hunt. Ele era um homem de muitos entusiasmos (e, como suas memórias iriam revelar, de um anti-semitismo incontido), mas se cercou de alguns editores brilhantes. Kurt Enoch, o presidente encarregado do setor comercial, era pequeno, elegante, muito tímido e um modelo de intelectual alemão. Na Europa, ele tinha sido um dos primeiros a perceber o potencial dos livros de bolso e criara as famosas edições Tauschnitz em inglês, que, até poucos anos atrás, ainda podiam ser encontradas em sebos de toda a Europa. Enoch tinha-me contratado por causa de suas ligações com meu pai, e a rivalidade entre os dois sócios era tal que, tendo entrado na empresa por esse lado, eu nunca poderia esperar fazer parte do editorial. Contudo, Weybright permitiu que eu participasse das discussões. Entre os editores estavam Ed Doctorow (antes de ficar famoso como romancista), Mark Jaffe, que iria transformar-se ele mesmo em um grande editor de brochuras, e Arabel Porter, uma intelectual quieta e despretensiosa que era responsável pelo sucesso da resenha literária de livros de bolso *New World Writing*. Baseada na coleção britânica "New Writing", que tinha sido editada por John Lehmann e publicada pela Penguin durante a guerra, a *New World Writing* era embalada pela crença de que as pessoas comuns podiam ler obras verdadeiramente desafiadoras e ousadas, e deveriam ser capazes de encontrá-las em qualquer farmácia. Um dos primeiros números ofereceu uma seleção da poesia coreana contemporânea. Apesar de material tão hermético, a revista tinha tiragens iniciais de 75 mil exemplares. Seu sucesso foi tão grande que outras editoras de brochuras criaram suas próprias versões, e durante alguns anos o público norte-americano recebeu uma seleção sem precedentes de material literário de vanguarda.

Os livros de bolso da NAL podiam ser lançados rapidamente quando havia necessidade. Doctorow se lembra de que, tendo encomendado um livro sobre o caso Eichmann, em poucas semanas a obra foi mandada para as lojas e alcançou um volume de vendas de meio milhão de exemplares. A linha desse tipo de publicação era intermediária à dos livros e das revistas de informação, e isso era possível porque ela circulava utilizando o mesmo sistema de distribuição.

As editoras de livros de bolso continuaram a desempenhar o papel de comentaristas de questões contemporâneas durante a década de 1960. No auge do período macarthista, a Bantam Books publicou a defesa pessoal de Owen Lattimore, na época um ato de coragem, dada a virulência com que McCarthy o tinha atacado, acusando-o de ser um daqueles que tinham "perdido a China". Durante a Guerra do Vietnã, a Bantam e outras empresas voltadas para o grande público lançaram coletâneas de ensaios e críticas escritas para o leitor em geral. A Ballantine foi a pioneira em obras originais de cunho político, editando *Listen yankee*, de C. Wright Mills, em 1960.

Embora minhas responsabilidades não fossem formalmente editoriais, eu consegui convencer a NAL a criar uma grande coleção. Estudando os livros que eram usados nas escolas, pareceu-me que poderia haver um público enorme para edições baratas dos clássicos mundiais. A Modern Library tinha feito isso em capa dura, mas eram livros relativamente caros em comparação com os 25 ou 35 centavos que nós poderíamos cobrar por edições de *Huckleberry Finn* ou *Crime e castigo*. Eu enviei um memorando a Arabel Porter sugerindo os títulos que eu achava que poderiam dar início ao que mais tarde foi chamado de coleção "Signet Classics". A esta lista, tive ainda o cuidado de adicionar uma relação com nomes de autores indicados para redigir introduções acadêmicas que poderiam tornar os livros mais úteis em escolas e faculdades. A idéia recebeu uma resposta favorável e foi desenvolvida de uma forma que acabou por torná-la, por assim dizer, mais realista, incluindo clássicos norte-americanos como *As aventuras de Tom Sawyer* e outros acrescentados à minha seleção original, um tanto pessoal. Uma de minhas sugestões iniciais tinha sido um clássico francês do século XIX, *Adolphe*, de Benjamin Constant, que eu tinha acabado de ler com grande prazer. Este título compôs a lista dos primeiros dez títulos, sem dúvida intrigando muitos professores do ensino médio, que não conheciam Constant. A série cresceu rapidamente e logo se tornou uma parte significativa do catálogo da NAL. Ela foi copiada por outras editoras de livros populares, incluindo a Penguin. Ate hoje, a Signet Classics é esteio de vendas da NAL, mas agora que a NAL foi comprada por Pearson, a coleção tem de competir com as imitações mais bonitas da Penguin, também de propriedade de Pearson. Curiosamente, na época não me ocorreu que o que tínhamos criado era uma versão barata da coleção "Pléiade", que meu pai lançara na França. Eu só pensei nisso muito mais tarde.

DOIS

A segunda geração da Pantheon

APÓS A MORTE do meu pai, quando eu tinha 15 anos de idade, perdi todo o contato com a Pantheon. Então, fiquei muito surpreso quando, em 1961, fui convidado pelos sucessores dos Wolff na editora a me juntar a eles. A Pantheon tinha acabado de ser comprada pela Random House, que percebeu que era necessário ter pelo menos um editor em tempo integral na pequena equipe da companhia. Aceitei com entusiasmo e, no início de 1962, tão ignorante dos problemas do mercado editorial quanto qualquer jovem de 26 anos de idade, cheguei ao escritório da Pantheon com muita expectativa, no arranha-céu triangular conhecido como Flatiron Building, na esquina da Fourth Street com a Sixth Avenue. O escritório do meu pai costumava ficar na proa do prédio, que tinha a forma de um barco, e fora mantido vazio em sua homenagem durante muitos anos após sua morte. O prédio estava mal conservado e a maior parte dele ocupada por pequenas indústrias, incluindo as instalações de um fabricante de acordeons e diversas confecções. Mas também era sede de algumas das mais interessantes editoras do país: New Directions, Pellegrini e Cuddahy ficavam no mesmo andar que nós, assim como o periódico de esquerda *Nation* e o marxista *Monthly Review*.

Desde a partida dos Wolff, a empresa era dirigida pelas pessoas que antes tinham sido encarregadas da área de produção e vendas –

homens bem-intencionados e agradáveis, porém sem as habilidades editoriais necessárias para manter o nível dos livros que tornaram o catálogo conhecido e que a Random esperava que fosse mantido. Comecei a trabalhar em alguns originais maravilhosos, como *The story of a life*, de Konstantin Paustovsky, mas também em muitos livros de segunda categoria que tinham sido comprados por causa da excessiva confiança em pareceres de leitores demasiadamente entusiasmados. Essa situação não durou muito tempo. Em poucos meses nós tínhamos transferido nossos escritórios para o andar térreo de um pequeno prédio junto à palaciana mansão Villard, da Random House, na esquina de Fiftieth Street com Madison, e os novos proprietários puderam então observar com mais atenção aquilo que tinham comprado. A Random House certamente não tinha perdido nenhum dinheiro com a aquisição da empresa. O catálogo da Pantheon e seus livros infantis de grande sucesso valiam muito mais que o preço de venda. Bennett Cerf, em suas memórias, afirma que somente com os lucros advindos da edição de bolso de *Dr. Jivago* foi possível quitar todo o investimento original. Mas o programa editorial de adultos era então um desastre, e alguns meses após minha chegada meus dois superiores na Pantheon anunciaram seu afastamento.

Os membros remanescentes da equipe tinham, em sua maioria, a mesma idade que eu – eram um punhado de jovens não muito mais experientes na política editorial que eu mesmo. Com a saída de nossos chefes, nós nos organizamos e eu sugeri à Random House que nos fosse permitido continuar por conta própria. Durante meus primeiros meses na Pantheon, eu permanecera humilde demais para me encontrar diretamente com a empresa-mãe, e eles, por sua vez, pareciam apenas uma presença muito distante. Eu conhecia o editor-chefe da Random House, Bennett Cerf, basicamente por sua coluna de piadas no *Saturday Review*, que eu gostava muito quando menino, e por suas apresentações no programa de perguntas de TV *What's My Line?*. Mas se Bennett se passava por palhaço na televisão, havia muito mais nele do que o público norte-americano provavelmente sabia. Um bom escritor, cujo retrato de D.H. Lawrence teria agradado a qualquer grande crítico literário, Bennett tinha sido o responsável por levar o *Ulisses* de James Joyce para a Random, bem como a obra de Gertrude Stein e de muitas outras estrelas da literatura. Seu sócio, Donald Klopfer, era o tradicional parceiro silencioso. Grande amigo de Bennett (conheciam-se bem por terem mantido suas mesas uma em frente da outra durante muitos anos), ele desempenhava nos bastidores um papel discreto, mas fundamental; muitos achavam que ele era o verdadeiro espírito da Random.

Eu mostrei aos sócios encarregados da empresa que eles tinham muito pouco a perder nos deixando por nossa conta. Nós tínhamos um número suficiente de títulos deixados por nossos predecessores para trabalhar nos meses seguintes. Se não conseguíssemos descobrir novos livros bons, eles poderiam dar fim à experiência. (Aos 26 anos de idade, ter de encontrar um novo emprego não era uma perspectiva assustadora.) Na época não me ocorreu que entregar o comando a pessoas tão jovens era extremamente incomum. Nem eu me dei conta de que havia outro argumento a nosso favor. Tendo acabado de comprar a Alfred A. Knopf, a Random House não queria dar a impressão de que estava fechando seus novos ramos editoriais para fundi-los em uma só empresa. Alfred estava muito preocupado com os riscos que o futuro de seu próprio selo poderia correr caso a Pantheon fosse fechada.

Afora essas considerações práticas, havia um componente verdadeiramente idealista na decisão da Random House de nos deixar seguir em frente. Bennett e Donald olharam para trás, para seu próprio começo no negócio, e viram a aposta que nós estávamos propondo como uma refrescante fuga da rotina. Eles claramente aprovavam o aspecto intelectual dos livros que estávamos levando, e Donald freqüentemente falava do "toque de classe" que eles davam à produção da Random. Ele nos via como uma versão mais jovem do que Knopf tinha realizado ao longo dos anos, uma reafirmação do compromisso da Random com lançamentos intelectuais e cosmopolitas. Em nosso primeiro ano, eles me nomearam gerente editorial, e depois gerente administrativo, e nos deram um apoio inacreditável; na verdade nos ofereceram carta branca ao longo de todos os nossos primeiros anos cruciais. Foi apenas muito mais tarde que as palavras "centro de lucro" entraram em meu vocabulário. Nosso papel era publicar os melhores livros que pudéssemos achar, embora, claro, todos nos preocupássemos com o potencial das obras escolhidas.

Donald, em particular, estava claramente satisfeito ao ver a Pantheon crescer, e nos anos seguintes se tornou meu conselheiro e defensor mais próximo. Nos primeiros dias, porém, ele sugeriu que eu pedisse conselhos a Robert Haas. Haas era o sócio sênior da Random, um editor culto e sofisticado da antiga escola, que estava contente por trabalhar novamente com o tipo de livros que editara na juventude. Ele tinha 72 anos de idade quando nos conhecemos, o oposto dos meus 27. Apesar da diferença de idade, logo descobri que tínhamos uma visão semelhante do mercado editorial. Quando sua própria editora, a Smith & Haas, se fundiu com a Random House, ele tinha levado consigo vários autores franceses importantes, como Malraux. Ele ouvia em silêncio enquanto eu falava de nossas esperanças e me dava conselhos gentis, mas nunca intrometidos. Hoje, me impressiona como uma demonstração extraordinária de confiança, bem como um indício do quanto os chefes da Random estavam confortáveis com seus próprios papéis, o fato de que eu nunca tenha sido impedido de contratar os muitos títulos inicialmente não-lucrativos que nós publicamos. O mais perto que eu me recordo de ter chegado a sofrer uma crítica foi uma sobrancelha ligeiramente erguida quando eu confessei a Donald que ainda não tinha lido o novo Mary Renault. (Seus romances históricos estavam entre os títulos mais lucrativos que tínhamos herdado da antiga Pantheon, mas definitivamente não me interessavam.)

Como resultado dessa situação ideal, pudemos gastar nosso tempo procurando os livros que nos pareciam mais importantes. Nós não éramos tão ingênuos a ponto de não perceber que um eventual *best-seller* poderia ajudar, e gastamos bastante tempo nos poucos títulos promissores que tinham sido deixados para nós.

Graças aos Wolff, conseguimos, em nosso primeiro ano, publicar *O tambor*, de Günther Grass, autor que iria receber o Prêmio Nobel quase quarenta anos depois. Quando apresentamos o livro ao nosso pessoal de vendas, Bennett, que tinha lido o original, estava preocupado com algumas de suas passagens de cunho sexual, e expressou suas dúvidas. (Divertido foi que ele o fez após pedir que a única mulher na sala se retirasse, de modo a não ficar constrangida com a discussão que iria seguir-se – um indício do puritanismo das pessoas no mercado editorial naquela época.) Nós convencemos Bennett, com grande dificuldade, de que o original deveria permanecer intacto, e apenas recentemente *O tambor* foi alvo de críticas em protestos locais, um indício do renovado clima de censura que contamina tantas cidades pequenas norte-americanas.

Autores de grande vendagem do passado da Pantheon, como Renault e Zoe Oldenburg, enviaram-nos seus novos originais, que sustentaram financeiramente os livros mais difíceis que acrescentávamos ao catálogo. Trabalhei com duas outras pessoas que tinham estado na Pantheon antes de mim. Paula van Doren se concentrava em pescar no catálogo da Pantheon autores como Renault, Alan Watts e James Morris, enquanto Sara Blackburn fora bem-sucedida em trazer novos autores, como Julio Cortázar.

O ano de 1962, quando começamos, não era um bom ano para uma edição reflexiva e criativa. Embora o período macarthista tivesse finalmente terminado em 1954, os efeitos dos anos de expurgos ainda eram poderosos. A vida intelectual norte-americana tinha sido devastada nesse período. Creio ser equivocado supor que a caça às bruxas se tenha preocupado fundamentalmente com questões de espionagem, subversão interna e comunismo. McCarthy tinha um objetivo bastante claro: afastar os políticos e intelectuais do New Deal de suas posições de influência, tanto nos Estados Unidos quanto no exterior. Apesar das variações no número de "subversivos", as listas de McCarthy visavam precisamente esses liberais clássicos. Não há dúvida de que incontáveis comunistas e companheiros de viagem sofreram enormemente com os expurgos, mas os objetivos políticos de McCarthy eram maiores: reverter as reformas do New Deal, uma meta republicana desde os anos 1930. Em grande medida, ele foi bem-sucedido.

Cresci durante aqueles anos como testemunha do quase desaparecimento dos pontos de vida dissidentes e progressistas da vida norte-americana. Embora ferrenhamente anticomunista (eu cresci com as histórias da viagem de meu pai à Rússia com Gide, que levou ao famoso *Retour de l'URSS*, um livro que espunha em detalhes os horrores dos anos 1930 com Stalin), percebi quantas vozes norte-americanas tinham sido caladas ou marginalizadas. Assim, em meus primeiros meses na Pantheon, propus a publicação da obra de I. F. Stone, o jornalista de esquerda que tinha sido um dos poucos a se pronunciar contra a insensatez do período macarthista. Posteriormente, Stone foi reconhecido como uma grande influência no jornalismo norte-americano, o mentor de uma geração de colunistas e críticos. Mas quando eu apresentei o livro de Stone, as pessoas da Pantheon que me tinham contratado reagiram com certo desconforto, como se desculpando pelo fato de que nunca poderíamos publicar algo tão controvertido. Na mesma época, eu me lembro de estar nos escritórios da recém-criada *New York Review of Books*, fundada em 1963, acompanhando a agitação e a preocupação com as quais Bob Silvers, seu editor, discutia a possibilidade de encomendar um artigo a Stone.

Grande parte do anticomunismo que existia na época tinha sido pesadamente subsidiado pela CIA (como é descrito em fascinantes detalhes por Frances Stonor Saunders em *The cultural Cold War*). Isso significava que o número de pessoas que trabalhavam com temas políticos norte-americanos, particularmente com política externa, a partir de um ponto de vista liberal, era extremamente limitado. Assim, era pequeno o grupo de acadêmicos e jornalistas nos Estados Unidos que podíamos contratar. Conseqüentemente, parecia vantajoso se voltar para a Europa, onde a vida intelectual não tinha sido tão perniciosamente afetada pelas batalhas da Guerra Fria.

❦

EU TINHA PASSADO dois anos em Cambridge com uma bolsa de graduação – coincidentemente a bolsa Mellon – trabalhando grande parte do meu segundo ano como primeiro-editor norte-americano da *Granta*. Entre nossos colaboradores estavam autores e atores que se tornariam conhecidos na Grã-Bretanha, pessoas como Margaret Drabble, Michael Frayn, Jonathan Spence, John Bird e Eleanor Bron. Embora fosse uma revista estudantil, a *Granta* funcionava como um importante palanque para toda a comunidade de Cambridge, e nós publicamos muitos artigos de membros do corpo docente, bem como de alunos, entre eles o crítico de arquitetura Rayner Banham e o sociólogo Roger Marris. Era uma época de grande produção intelectual na Grã-Bretanha. Quase era possível discernir o nascimento de uma nova esquerda, desenvolvendo suas idéias em revistas como *The Universities'* e *Left Review*, que mais tarde se tornaria a *New Left Review*. Raymond Williams e Richard Hoggarth tinham acabado de publicar seus primeiros livros. Essas obras influenciaram minha própria opinião, e nós as resenhamos na *Granta*. Ao voltar para os Estados Unidos, eu continuei a escrever para revistas políticas britânicas, e tentei manter-me a par do que acontecia lá. Cheguei mesmo a receber uma oferta de emprego de uma editora britânica, claramente convencida de que eu gostaria mais de trabalhar em Londres que em Nova York.

Voltar os olhos para a Europa fazia sentido intelectualmente, mas também era uma boa estratégia editorial, já que poderíamos encontrar autores na Inglaterra e noutros países que ainda não tinham sido contratados por outras editoras norte-americanas mais bem estabelecidas, e cujos livros não exigiam que arriscássemos dinheiro demais da Random House. Como nós podíamos publicar sem nos preocupar se cada livro novo daria lucro imediato, ou mesmo se ele seria uma promessa de lucro com a próxima obra de um autor, nossos critérios para contratar um livro eram assaz simples. Acima de tudo, procurávamos novas obras que oferecessem o tipo de excitação intelectual que faltava à vida norte-americana desde a década de 1950. Nós queríamos encontrar porta-vozes dos pontos de vista políticos que tinham sido silenciados nos anos macarthistas e pelos quais eu pessoalmente me sentia muito atraído. Assim, nós nos descobrimos na feliz posição de admirar pessoas que freqüentemente eram rejeitadas ou negligenciadas pelos outros.

Certo dia, após visitar Donald Klopfer, o famoso Victor Gollancz foi ao meu escritório levando consigo os originais de *A formação da classe operária inglesa*, do historiador inglês E.P. Thompson. A primeira tarde de leitura me fez perceber que aquele era o tipo de história pelo qual eu tinha procurado em meus anos de universidade, tanto na Grã-Bretanha quanto nos Estados Unidos. O livro era uma história social e econômica das pessoas comuns, diferente daquelas que tinham existido nos anos 1950; era escrito com verve e originalidade extraordinárias. Gollancz ficou feliz de aceitar nossa oferta por 1,5 mil exemplares, e foi lançada a nova coleção de história da Pantheon. Desde então o livro vendeu mais de 60 mil exemplares e continua em catálogo. Na Grã-Bretanha, a Penguin honrou sua edição de bolso, fazendo dele o milésimo título na (hoje falecida) coleção "Pelican". Thompson foi seguido em nossa coleção por outros historiadores ingleses até então relativamente desconhecidos nos Estados Unidos, como Eric Hobsbawm, Christopher Hill, George Rude, E.H. Carr e Dorothy Thompson.

A excitação que sentimos por poder publicar esse tipo de obra nos fez começar a procurar livros semelhantes de autores norte-americanos. Pouco depois de publicar Thompson, recebemos uma tese de doutorado sobre a história da escravidão, escrita por um marxista norte-americano chamado Eugene Genovese. *The political economy of slavery* tinha sido rejeitado por 12 editoras universitárias porque, embora seu argumento fosse profundamente conservador, sua metodologia era claramente marxista. Ali estava uma obra de interesse extraordinário que, como a de Thompson, mostrava como escrever história "de baixo para cima". Eu decidi publicar o livro baseado unicamente em minhas próprias reações e em meus instintos, sentindo que pareceres externos recomendariam que seguíssemos as editoras universitárias na rejeição àquele original controvertido. Juntamente com os livros posteriores de Genovese, nós logo acrescentamos à coleção vários norte-americanos importantes como Herb Gutman, Staughton Lynd, Nathan Huggins, John Dower, Gabriel Kolko, Warren Sussman, Ira Berlin, Richard Fox e Jackson Lears.

No final, acabou por parecer, de fato, muito difícil publicar Genovese. Ele atacava ferozmente seus colegas historiadores progressistas, muitos dos quais estavam em nossa coleção. Ele nos deixou quando eu insisti na publicação do imponente *The black family*, de Guttman, contrariando sua opinião. Nós tínhamos então publicado sua obra-prima, *Roll, Jordan, Roll*, mas eu estava triste com os excessos sectários de Genovese e sua falta de interesse em coexistir com outros que, afinal, partilhavam suas premissas básicas.[17] Eu não queria que nossa coleção representasse apenas uma linha de pensamento sobre qualquer tema – nós queríamos mostrar toda a gama de novas obras que surgiram tanto nos Estados Unidos quanto na Europa.

A influência britânica em nossa coleção também era clara na crítica literária e no que passou a ser conhecido como estudos culturais. Minha esposa tinha sido uma aluna entusiasmada de F. R. Leavis, e eu tinha assistido a uma palestra dele em Cambridge. Quando Leavis escreveu seu curto ataque a *As duas culturas*, de C. P. Snow, nós nos apressamos em publicá-lo nos Estados Unidos, com bastante sucesso. Também conseguimos publicar os trabalhos posteriores de Leavis, incluindo o livro que ele escreveu com sua esposa sobre Charles Dickens, no qual renegava seu desprezo anterior pelo grande romancista.

Excitado por essas primeiras descobertas, comecei a fazer viagens anuais à Grã-Bretanha. Naquela época, Londres era sede de dezenas de editoras interessantes e originais. Eu visitava sete ou oito pessoas por dia durante três semanas, e no final achava que mal tinha conseguido formar uma noção das coisas mais básicas. Ainda pensava na Pantheon como uma pequena empresa sem recursos, não como parte da corporação Random. Assim, nós ficávamos na casa de amigos, levando uma vida de estudantes, e não de editores novatos. Alguns dos editores londrinos tinham a mesma postura: chegavam mesmo a manter seus escritórios em casa, e era preciso abrir caminho pela cozinha e passar por crianças pequenas até chegar a uma mesa abarrotada de originais e possíveis aquisições promissoras.

Naquela época, Londres era um lugar relativamente austero. Ao visitar editoras com escritórios na cidade, como a Routledge, eu passava por quarteirões destruídos por bombas que ainda não tinham sido ocupados pelos arranha-céus reluzentes da era Thatcher. O mercado editorial britânico também ainda não tinha sido reduzido a algumas poucas editoras acadêmicas e às empresas populares puramente comerciais que vemos hoje. A maioria das editoras de Londres oferecia uma grande variedade de livros, e era possível encontrar importantes obras literárias e textos de ciências sociais em praticamente qualquer lugar. Os mais excitantes eram os livros sobre política e história, mas havia muito desenvolvimento em outras áreas. Eu fiz ofertas pelos livros da economista Joan Robinson, do filósofo político R.H. Tawney e do sociólogo Tom Bottomore. Richard Titmuss, o principal teórico do Estado de bem-estar social britânico, era outra personagem importante. Publicamos sua obra clássica, *The gift relationship* (cuja teoria apresenta as doações de sangue como um símbolo das relações sociais), e, à medida que o clima político dos anos 1960 foi mudando, o *New York Times Book Review* conseguiu encontrar espaço para esses livros em sua primeira página.

Além de comprar direitos para a publicação de livros, comecei a encomendar obras a jovens historiadores ingleses e outros autores. Havia muito eu era fascinado pelo programa de estudo de massas durante a Segunda Guerra Mundial, quando entrevistadores percorriam o país documentando a vida de cidadãos comuns. Conheci um jovem historiador chamado Angus Calder e sugeri a ele escrever um livro baseado nessas descobertas. O resultado, *The people's war*, ainda é uma das melhores histórias da Grã-Bretanha nessa época. Ronald Fraser foi outro novo historiador que chegou a nós, desta vez com uma extraordinária história oral de um ex-prefeito republicano de uma pequena cidade espanhola que tinha caído na clandestinidade durante a escalada franquista. *In hiding* foi o primeiro de uma série de livros de história que iríamos encomendar a Fraser, incluindo uma grande história oral da guerra civil, *The blood of Spain*.

Além de me dar oportunidade de recrutar autores, as viagens à Grã-Bretanha me permitiam encontrar os muitos jovens que começavam a assumir as editoras lá e que partilhavam meus próprios interesses e preocupações. O grupo ao redor da Penguin era de longe o mais excitante. Allen Lane, que estava envelhecendo, tinha escolhido um jovem vendedor de livros, Tony Godwin, como editor-chefe, e Tony tinha reunido no modesto prédio georgiano da John Street a maior concentração de talento já vista no mercado editorial inglês. Dieter Pevsner, Charles Clark e Tony Richardson estavam entre os editores que tinham reinventado a Penguin e dado aos leitores britânicos um inacreditável leque de novas obras, tanto de não-ficção quanto de ficção. Eu apresentei a eles nossa lista de projetos e eles reagiram com claro entusiasmo. Sua colaboração tornou muito mais fácil minha abordagem a outras editoras no exterior. Demos início a uma parceria que iria durar muitos anos e que levou, apesar do porte muito maior da Penguin, a vários empreendimentos conjuntos. Anos mais tarde, quando vários dos principais editores da Penguin se afastaram, eu consegui convencer meus colegas da Random House a apoiá-los na criação de uma pequena editora independente chamada Wildwood. Exatamente o oposto do que depois se tornou a Random House UK, ela foi concebida como uma editora pequena e séria que iria distribuir títulos da Vintage e buscar autores e idéias na Grã-Bretanha. Infelizmente, o empreendimento fracassou após alguns anos.

Foi por intermédio de Charles Clark que eu pela primeira vez tomei conhecimento do trabalho de Ronald Laing, um jovem psicanalista e um crítico das práticas medievais que ainda eram empregadas nos manicômios britânicos, autor de um importante trabalho acadêmico com seu colega David Cooper, *Reason and violence*. Mas *The politics of experience*, que Charles me apresentou, era algo muito diferente. Era um livro muito polêmico acerca da incompreensão da loucura, uma defesa de uma abordagem diferente, algo muito chocante, que terminava com uma longa descrição de visões induzidas por LSD. Inicialmente hesitei, inseguro sobre como o *establishment* psicanalítico norte-americano, reconhecidamente conservador, iria reagir a um ataque daqueles. Mas Charles sabiamente me recomendou colocar as dúvidas de lado. *The politics of experience* se tornou um livro inacreditavelmente popular, com mais de 1 milhão de exemplares vendidos, dando a Laing uma carreira meteórica. Posteriormente, nós publicamos vários de seus notáveis livros analíticos, incluindo *O eu dividido* e *Eu e os outros*.

Embora hoje Laing esteja bastante desacreditado, parcialmente em função da forma com que sua carreira terminou, grande parte de sua obra foi aceita pelos psicanalistas. Ele foi um crítico importante, parte de uma tentativa dos analistas da Europa e dos Estados Unidos de reexaminar a forma com que os esquizofrênicos eram tratados. Laing, porém, se tornou tão conhecido que as descrições excessivamente simplificadas de suas teses se tornaram parte da contracultura. As pessoas acharam que ele estava glorificando a loucura e atribuindo a doença mental à má influência da família do doente – uma mensagem obviamente fascinante para os jovens na década de 1960. Laing contribuiu com esse processo de popularização, se tornando uma espécie de guru e aceitando propostas de empresários de levá-lo por todos os Estados Unidos, onde suas palestras atraíam platéias gigantescas, e também a rejeição de seus colegas. Seus textos passaram a ser cada vez mais voltados para o grande público. Um livro de poemas chamado *Laços*, descrevendo os labirintos em que os relacionamentos podem mergulhar, fez um sucesso estrondoso e Laing começou a desfrutar do status de um autor *best-seller*, com todos os riscos que isso acarreta. Em seus últimos livros, ele passou a repetir o que já tinha dito, e com o tempo sua crescente necessidade de drogas e álcool começou a gerar conseqüências, o que acabou matando-o aos 62 anos de idade.

A ligação com Laing e Cooper nos levou a Juliet Mitchell, uma jovem feminista impressionante, que buscava conciliar os aparentes conflitos entre o marxismo e a análise freudiana, um esforço que continuou em sua posterior carreira como analista. Mitchell era ligada a outras feministas britânicas, como Ann Oakley e Sheila Rowbothan, com quem também trabalhamos. Juntas, elas ajudaram a criar um novo feminismo militante, embora seu claro envolvimento político tenha garantido a marginalização delas na atmosfera conformista que tomou conta do movimento feminista nos Estados Unidos. No final dos anos 1980, quando tentei encontrar uma editora universitária que relançasse o hoje clássico estudo de Juliet Mitchell sobre a psicanálise e as mulheres, as editoras às quais oferecemos o livro admitiram abertamente em suas cartas de recusa que ele era marxista demais para sequer ser levado em consideração.

Infelizmente, a colaboração com a Penguin, que tinha produzido livros como os de Laing, estava ameaçada. Alguns sinais de alerta haviam despontado. A afinidade especial que sempre tínhamos sentido com a Penguin vinha do entusiasmo de nossa geração pela exuberância intelectual da época. Mas, igualmente importante, era a sorte que partilhávamos: a Penguin, uma grande empresa como a Random, permitia que seus jovens mandassem. Seu trabalho não era simplesmente sair e comprar os *best-sellers* mais bem-sucedidos publicados por outras editoras – embora eles também fizessem isso, claro. Uma importante parcela da missão da Penguin era dar continuidade ao projeto da década de 1930 de V. K. Krishna Menon – montar uma biblioteca barata e engajada de não-ficção.

Em 1970, Allen Lane vendeu a Penguin para a Pearson, um dos maiores conglomerados britânicos, dona de bens que iam do *Finan-*

cial Times à companhia de água de Buenos Aires. Quando Lane estava em seu leito de morte, Charles Clark e seus colegas editores tentaram convencê-lo a transformar a Penguin em uma empresa pública, como David Astor tinha feito com o jornal dominical britânico *Observer*, garantindo dessa forma a continuidade de sua existência independente como empresa sem fins lucrativos. Se Lane tivesse concordado com a proposta, o futuro do mercado editorial britânico poderia ter sido muito diferente. A Penguin teria continuado a estabelecer altos padrões para o mercado de livros populares e, sendo capaz de comprar livros de outras editoras, teria encorajado o resto do mercado a fazer o mesmo. Mas talvez fosse esperar demais de Lane, que sempre fora um dedicado homem de negócios, e a venda prosseguiu. Durante um breve período, a Pearson apelou para um brilhante editor e autor, Peter Calvocoressi, nomeado seu principal executivo. A Harper's faria o mesmo nos Estados Unidos, promovendo a presidente Mel Arnold, o inventor de suas edições intelectualizadas. Os dois homens tinham saído de pequenas empresas independentes muito reconhecidas, Calvocoressi da Chatto & Windus, e Arnold da Beacon Press. Eu acompanhei suas carreiras fascinado e vi tristemente como nenhum deles sobreviveu às novas exigências de lucro, resultantes das incorporações por conglomerados.

    A mesma coisa aconteceu com a New American Library. A primeira incorporação da NAL por um conglomerado ocorreu em 1960, quando eu ainda estava lá. Ela se tornou parte do Los Angeles Times Mirror, que três anos mais tarde iria comprar a World Publishing. Bill Targ, um dos poucos editores a escrever suas memórias, tinha pouco respeito pelos novos patrões, chamando-os de "megalomaníacos e velhacos" e de "analistas de mercado com réguas de cálculo enfiadas nos traseiros e brilho de poder nos olhos".[18] As antigas políticas da NAL não duraram muito com o novo proprietário, e na época em que foi comprada pela Pearson a NAL era apenas outra linha de montagem popular.

Eu sabia, de ler os jornais franceses, que muitas obras interessantes publicadas na França nunca tinham conseguido cruzar o Atlântico. Então comecei a visitar Paris anualmente em busca de possíveis traduções. Um dos primeiros livros que descobri foi *História da loucura*, de Michel Foucault. Hoje leitura obrigatória na maioria dos programas de ciências sociais das universidades norte-americanas, ele tinha permanecido disponível por vários anos na França sem atrair a atenção dos críticos norte-americanos. Eu descobri o livro vasculhando uma livraria de Paris e desde a primeira página percebi que era algo de enorme interesse. Ele entrou para o catálogo da Pantheon em 1965, sob o título *Madness and civilization*. Nós publicamos todos os livros de Foucault com grande sucesso, embora nos primeiros anos o público nos Estados Unidos fosse minúsculo – uma prova de que o isolamento intelectual norte-americano prosseguia mesmo muitos anos depois do período macarthista. Foi difícil até mesmo conseguir que universidades convidassem Foucault para participar de conferências ou lecionar, e as resenhas nos principais jornais foram em sua maioria negativas.

Foucault foi apenas um dos muitos autores franceses que acrescentamos ao catálogo ao longo dos anos seguintes. Entre os autores da Pantheon estavam cientistas como François Jacob e Octave Mannini, cientistas sociais como Edgar Morin, Georges Balandier e Jean Duvigneau, jornalistas como Claude Julien e André Fontaine, editores do *Le Monde*, além de historiadores como Georges Duveaux, Georges Duby e Moshe Lewin. Com a valiosa ajuda do crítico sueco Gustaf Bjurström, que tinha trabalhado com a Pantheon em Paris desde os anos 1950, nós também publicamos valiosas obras de ficção e belas-letras. Eu tive a sorte de conseguir a obra de Marguerite Duras, começando com *O amante*, primeiro romance francês desde *Os mandarins* a se tornar um *best-seller* norte-americano; esse sucesso nos levou a resgatar do esquecimento seus livros anteriores. (Anos mais tarde, a autora concordou que a New Press publicasse, como um de seus primeiros livros, *O amante da China do Norte*, uma franca revisão de suas famosas memórias.)

Como outros editores se sentiam cada vez mais pressionados a apresentar lucros, mesmo Jean-Paul Sartre foi rejeitado pela Knopf, que tinha lançado a maioria de suas obras. Nós, de bom grado, ficamos com seus livros posteriores, incluindo *Diário de uma guerra estranha*, bem como *Cerimônia de adeus*, de Simone de Beauvoir – a história de seu relacionamento com Sartre –, e fizemos também edições de seus títulos anteriores.

A reação norte-americana a muitos desses autores não foi exatamente entusiasmada. Analisando a longa relação do que nós tínhamos regularmente trazido da Europa, é impressionante ver que, pelo menos inicialmente, fizemos pouco mais que nossos antecessores durante os anos de guerra. Traduzimos os mais interessantes e promissores pensadores franceses, tanto em história quanto em psicanálise, mas batíamos no muro dos leitores e resenhistas norte-americanos. Quando, em 1968, o *Asian drama* de Gunnar Myrdal recebeu resenhar negativas (com a exceção de uma primeira página respeitosa no *New York Times Book Review*), eu atentei para a recepção dada a *The american dilemma* e seus livros anteriores. Foi revelador descobrir que um dos mais importantes estudiosos europeus da sociedade e da política norte-americanas tinha sido inicialmente rejeitado pelos críticos, que o reputavam um "ranzinza" intrometido. Considerando que Myrdal era o mais perspicaz crítico da armadilha em que a sociedade norte-americana tinha caído, uma combinação de racismo e desigualdade econômica, talvez não surpreenda que os norte-americanos se recusassem a lê-lo. A rejeição à sua análise mostrava como era difícil mudar as posturas norte-americanas. Nós não estávamos mais lidando com o pensamento reacionário automático do período macarthista; começávamos a perceber aí os primeiros sinais do movimento neoconservador.

Eu conheci Myrdal quando ele foi convidado a fazer uma palestra durante uma conferência em Nova York, no início da década de 1960, e fiquei impressionado com sua crítica da política social norte-americana. Perguntei se ele estaria disposto a escrever um novo livro para o leitor norte-americano e ele concordou rapidamente. Nos anos seguintes, ele iria lembrar-se de "um pequeno camarada moreno" que o tinha abordado e encomendado um livro. (Eu nunca pensei em mim mesmo como sendo particularmente baixo ou mesmo moreno, mas comparado com a impressionante presença loura de Gunnar, imagino que assim lhe parecesse.) O livro que ele escreveu, *Challenge to affluence*, estava na mesa de John F. Kennedy na semana em que foi assassinado. Nunca saberemos se Kennedy deu atenção à sua argumentação, mas a guerra à pobreza de Lyndon Johnson claramente foi influenciada pelas idéias contidas no livro de Gunnar.

Graças a Gunnar, eu me tornei amigo de sua esposa, Alva, que tinha um papel importante na política internacional, não apenas como embaixadora da Suécia na Índia, mas como líder intelectual dos países não-alinhados. Nós posteriormente publicamos seu livro *The game of disarmament*, parte da obra que a levou ao Prêmio Nobel. O Nobel de Economia concedido a Gunnar (dividido com Frederick Hayek, um homem de quem ele discordava inteiramente) tornou a família Myrdal a única a ter dois premiados em categorias diferentes. O restante da família era igualmente talentoso, e nós publicamos diversos livros de sua filha, Sissela Bok, cujo *Lying* se tornou uma *cause célèbre*, em parte beneficiado por ter sido lançado na época de Watergate.

Gunnar também me apresentou seu filho Jan, e me pediu para avaliar a publicação de seu *Report from a chinese village*. Eu não sabia que Jan era famoso na Suécia como um destacado maoísta; seu livro de entrevistas com aldeões do norte de Yenan reproduzia a campanha de "falar com amargura" que estava em curso na China para lembrar à nova geração como tinha sido ruim a vida no período nacionalista.

Quando nós recebemos o livro em sueco, nosso parecerista especializado aprovou o conteúdo, mas recomendou que fizéssemos a menor tiragem possível, já que ele dava aos leitores uma visão favorável da China comunista. Após sua publicação, o livro recebeu da *Times* a cobertura de um acontecimento importante, mas uma leitura cuidadosa da resenha revelava que a pessoa que a escrevera tivera acesso aos arquivos da CIA sobre Myrdal. Referências detalhadas a conversas que ele tivera em Pequim estavam espalhadas ao longo do texto, e isso dificilmente seria do conhecimento de alguém de fora do serviço de inteligência. Outros elogiaram bastante o livro, que se tornou um enorme sucesso.

Publicamos vários dos livros de Jan, incluindo um romance autobiográfico chamado *The diary of a disloyal european*, que a *Times* louvou como um dos melhores livros da época. Enquanto isso, Jan se distanciava pouco a pouco das posições de seus pais, tornando-se cada vez mais conservador no contexto sueco. Coerente com seu maoísmo, ele passou a ser um grande defensor do poder policial e um opositor do desarmamento. Atacou sua mãe por vender os suecos aos russos em seus textos sobre desarmamento, e durante algum tempo expressou o temor de que logo acontecesse uma invasão russa na Suécia. Tudo isso produziu uma mistura curiosa de conflito político e edipiano, que se tornou cada vez mais duro de acompanhar à medida que Gunnar e Alva envelheciam. Jan escreveu o primeiro livro de uma trilogia sobre sua infância, atacando os pais impiedosamente. Embora os livros fossem memórias maravilhosas, eu considerei que publicá-los àquela altura da vida de seus pais – Gunnar estava morrendo – seria uma traição de minha parte, e insisti com Jan para que esperasse até seu pai morrer. Mas vingança era exatamente o que Jan tinha em mente, e ele considerou meu conselho uma tentativa de censura. Isso fez com que nosso relacionamento chegasse ao fim, e, após os livros terem sido publicados com ótima recepção na Suécia, outro editor os levou para os Estados Unidos. Nos últimos anos, nós esquecemos tudo isso e voltamos a nos corresponder. Mas eu tinha aprendido uma lição infeliz sobre os perigos que advêm a quem se mete a publicar as obras de autores de uma mesma família.

Inicialmente em função dos Myrdal, eu comecei a visitar a Suécia a cada dois anos. Descobri uma boa diversidade de livros para traduzir graças, em boa parte, a Gustaf Bjurström. Ele tinha um olho preciso para o melhor da literatura sueca. Por insistência sua, nós publicamos o romancista Per Olaf Sundman, o poeta Gunnar Ekelov e a maravilhosa série de dez livros de mistério de Martin Beck por Per Wahlöö e Maj Sjöwall. Eles se tornaram muito populares nos Estados Unidos, com vendas de mais de 1 milhão de exemplares. Nós também trabalhamos de forma muito próxima com o editor de Jan, Lasse Bergstrom, da Norstedts, e foi por intermédio dele que descobrimos a obra de Ingmar Bergman, cujos roteiros para o cinema publicamos durante muito anos, incluindo os marcantes Cenas de um casamento e Fanny e Alexander. Infelizmente, a fama de Bergman acabou por afastá-lo de nós. Em uma de suas visitas, um agente de Hollywood o abordou, garantindo que ele podia facilmente conseguir 1 milhão de dólares por suas memórias. Apanhado de surpresa, Bergstron teria de conseguir esse valor ou então correria o risco de perder Bergman. Claro que as memórias de Bergman nunca renderam nada próximo dessa quantia, mas sua expectativa de um adiantamento tão grandioso nos obrigou a sair do páreo.

Com os anos, a Pantheon encontrou parceiros na Alemanha, na Itália e na Espanha pós-Franco. A Feira de Livros de Frankfurt nos deu a oportunidade de reunir os colegas não apenas para comparar anotações, mas para encomendar livros em conjunto. A equipe editorial da Pantheon, incluindo eu mesmo, era relativamente jovem e inexperiente. Não tínhamos nem a experiência nem os conhecimentos necessários para cobrir a grande extensão de áreas nas quais estávamos interessados. Agentes e autores prefeririam buscar as partes mais estabelecidas da Random a lidar conosco. Claro que poderíamos ter superado isso oferecendo grandes quantias por novos livros, derrotando Random e Knopf. Mas eu sabia que o tipo de títulos que nos interessava não iria ter vendas estrondosas, e que seria tolice entrar em um leilão caro. Olhar para o outro lado do mundo era uma alternativa melhor: trabalhando em conjunto com nossos parceiros europeus, nós éramos capazes de minimizar os riscos para as empresas envolvidas. Igualmente importante foi a convicção de que estávamos participando de uma empreitada comum de valor cultural e político.

No final dos anos 1960, os trabalhos questionadores que antes tinham sido basicamente privilégio da Europa começaram a surgir nos Estados Unidos, e nós pudemos oferecer algo em troca a nossos novos parceiros europeus. Livros de Noam Chomsky e Studs Terkel foram traduzidos para todos os principais idiomas europeus. Também buscamos colaborar com nossos colegas na produção de novos títulos que pudéssemos publicar em conjunto. Trabalhando com os editores que tinham traduzido o *Report from a chinese village* de Jan Myrdal, encomendamos uma série de títulos análogos de cidades do mundo todo, que documentavam como as enormes mudanças sociais estavam sendo percebidas pelas pessoas comuns que as viviam, em suas próprias palavras.

Buscamos uma grande variedade de autores, alguns deles cientistas sociais, outros romancistas, para que fossem a pequenas cidades em seus próprios países, ou nas ex-colônias desses países, e tentassem capturar as vozes do povo em sua busca por compreender e explicar as próprias experiências. A coleção teve um grande apelo em todo o mundo, e os livros foram amplamente traduzidos. Eles também traçaram um paralelo fascinante com o novo tipo de livros de história que estávamos publicando: uns contavam o que tinha acontecido no passado com as pessoas comuns, outros investigavam o presente.

Doze volumes de diversos países foram publicados na coleção; colegas em meia dúzia de países dividiram a tarefa de encomendar os trabalhos. Todos nós queríamos superar as habituais restrições mercantilistas à edição. A idéia de que editoras só podiam trabalhar juntas para vender trabalho em busca de lucro parecia banal e inadequada. Com o passar do tempo, foi desenvolvida uma parceria internacional com muitas editoras do mundo inteiro, sendo a principal delas a Penguin.

Tony Godwin pediu para Ronald Blythe escrever *Akenfield*, o muito bem-sucedido integrante britânico na coleção, além de publicar edições inglesas dos livros de Studs Terkel e muitos dos outros trabalhos que nós tínhamos encomendado.

Foi esse projeto que me levou ao que seria minha ligação mais próxima e duradoura com um autor durante meu período na Pantheon, e mesmo depois. Em busca de autores que pudessem escrever sobre os Estados Unidos o equivalente ao livro de Myrdal, eu comecei a pensar em Studs Terkel, um DJ de Chicago que tinha um famoso programa diário com música e entrevistas. Suas entrevistas, que eu costumava ler na revista publicada por sua emissora, a WFMT, eram extraordinariamente precisas e eficazes. Por intermédio de uma amiga comum, a atriz inglesa Eleanor Bron (que na época se apresentava em Chicago com o grupo Second City), eu me encontrei com Studs e descobri que, embora estivesse trabalhando em uma pequena rádio FM, ele tinha sido um dos grandes astros da Chicago School of Television: juntamente com David Garroway, fora pioneiro em uma série de transmissões espontâneas, ao vivo e sem roteiro, a partir das quais ele e um grupo de pessoas criaram um ponto de encontro popular chamado Studs's Place.

Formado na faculdade de direito da University of Chicago no auge da Depressão, Studs tinha começado como ator de teatro, televisão e rádio, quando os empregos para advogados eram raros e a WPA (Work Projects Administration) oferecia trabalho no teatro como uma alternativa excitante. Ele se envolvera em diversas causas progressistas, incluindo a campanha de Henry Wallace em 1948, e se tornara a *bête noire* do *Chicago Tribune* e de seu editor arquireacionário, o famoso coronel Robert McCormick. O jornal se opunha tanto a Studs que sequer relacionava seu programa de rádio em suas páginas. Outras pressões obrigaram Studs a deixar a televisão e encerraram uma carreira promissora.

Studs foi tentado pela idéia de escrever uma história oral, e ficou lisonjeado pelo fato de um nova-iorquino considerar os arredores de Chicago como um cenário possível. O primeiro livro de Studs, *Division Street*, foi uma revelação. Ao contar a vida de moradores comuns de Chicago, ele descreveu as mudanças dramáticas experimentadas por pessoas aparentemente banais. Muitas delas, tanto brancas quanto negras, haviam migrado para Chicago vindas de Appalachia e do extremo Sul. A história delas era a história da grande migração pós-Segunda Guerra Mundial, que tinha transformado milhões de vidas. A imprensa de todo o país elogiou a forma como Studs capturou a voz das pessoas que entrevistou, sem condescendência e com o respeito que iria marcar todos os seus livros. Anos mais tarde, eu descobri que o projeto dele era muito semelhante às entrevistas que a WPA tinha financiado durante a década de 1930, nas quais importantes escritores entrevistavam norte-americanos sobre seus empregos e suas histórias. Tinha sido a primeira vez desde então que uma história oral era escrita. O livro tornou-se um *best-seller* instantâneo.

Após esse primeiro sucesso, eu sugeri a Studs que ele escrevesse uma história oral dos anos 1930, já que muitos daqueles que tinham vivido na época ainda podiam ser entrevistados. *Hard times* foi ainda melhor que o primeiro livro, e quando lançamos *The good war*, a história da experiência dos Estados Unidos durante a Segunda Guerra Mundial, fizemos uma tiragem inicial de 100 mil exemplares. *Working: people talk about what they do all day and how they feel about what they do* foi o mais popular dos livros de Studs, tendo vendido bem mais de 1 milhão de exemplares em várias edições; ele foi adotado como livro de estudo em faculdades e escolas de ensino médio por todo o país. Numa de suas atitudes típicas, quando uma pequena cidade do Sul protestou contra a linguagem obscena mas acurada que ele utilizara em *Working...*, Studs quis ir lá e falar em uma reunião local, discutindo a questão com as pessoas envolvidas. Ele não queria contentar-se com o expediente habitual de enviar um *release* em defesa da Primeira Emenda; queria falar ele mesmo com as pessoas e descobrir exatamente do que elas estavam reclamando. Seria bom poder dizer que essa intervenção conseguiu persuadi-las. Mas, neste caso, o esforço teve tanto valor quanto teria qualquer sucesso.

❦

ESTAVA CLARO, NO INÍCIO dos anos 1960, que a ação precedia as palavras em muitas áreas cruciais. O crescimento do movimento pelos direitos civis ajudou a criar um grande público para textos sobre questões raciais, mas, evidentemente, aqueles que se manifestavam em Selma, Alabama e outros lugares não precisavam de nossos livros para dizer a eles o que estava errado. Livros sobre este tema acabaram sendo importantes para convencer o leitor branco da necessidade de mudanças e para sugerir novas abordagens e táticas. Mas foram os ativistas afro-americanos que determinaram o rumo, e nós os seguimos.

Alguns dos primeiros livros que encomendamos lidavam com questões raciais, incluindo um grande trabalho sobre a história negra. Eu propus a um jovem historiador de Princeton, James MacPherson, editar uma coletânea de textos de afro-americanos sobre suas experiências durante a Guerra Civil. (O título, *The negro's Civil War*, denota como sua publicação ocorreu bem no início do debate sobre as questões de raça.) MacPherson se tornou um dos mais destacados historiadores da Guerra Civil. Nós também encomendamos diversos livros sobre direito e raça, incluindo um trabalho dos famosos jurados afro-americanos Robert Carter e Loren Miller, bem como títulos que contavam o que estava acontecendo no Sul. Um deles, *South justice*, organizado por Leon Friedman, reuniu textos de muitos dos jovens advogados que se ofereceram como voluntários para ajudar o movimento pelos direitos civis no Sul, alguns dos quais publicaram depois importantes livros sobre o racismo. Um deles era Paul Chevigny, cujo melhor estudo sobre a violência policial publicamos pela New Press. Joel Kovel, como Chevigny, um antigo colega de escola, buscou uma abordagem psicanalítica do racismo, e seu *White racism*, uma psicoistória, foi muito elogiado.

Além de publicar livros sobre a questão da raça em si, sentíamos uma grande responsabilidade de cobrir o Sul e sua história. Começando com Pat Watters, Les Dunbar, Bill Ferris e outros, nós publicamos uma série de importantes liberais brancos do Sul que tinham corajosamente apoiado a luta muito antes que as pessoas no Norte tivessem conhecimento das questões envolvidas. James Loewen, um jovem professor de Tougaloo, trabalhou com um grupo de colaboradores para produzir o primeiro livro da história do Mississipi voltado para o ensino médio que se contrapunha aos textos abertamente racistas então existentes. Esses livros, amplamente adotados no estado, lidavam de modo positivo com as origens da Ku Klux Klan e negligenciavam grande parte da história fascinante e diversificada do Mississipi. Loewen e seus colegas trabalharam duro para produzir um texto alternativo que eles esperavam que fosse utilizado nas escolas do estado. Previsivelmente, as editoras de livros escolares que eles procuraram recusaram o livro. Finalmente eles nos procuraram e eu concordei em levar à frente o projeto, desde que conseguíssemos convencer os nossos colegas da Random House.

As pessoas da divisão de livros escolares da Random House se opuseram violentamente à publicação. A divisão de livros didáticos da Random, Singer, estava entre as aquisições de menor destaque da empresa – apesar da contratação de Toni Morrison como editora por um curto período. O Mississipi era um dos poucos estados suficientemente atrasados para comprar regularmente os livros escolares da Random, e as pessoas responsáveis pela Singer compreensivelmente temiam que seus competidores rapidamente chamassem a atenção para nossa publicação. Eu brinquei com Bob Bernstein, CEO da Random, dizendo que nós poderíamos publicar o livro sob a rubrica "Pantheon Books, uma divisão de D.C. Heath", uma editora didática concorrente. Mas Bob indicou que estava disposto a nos apoiar em uma decisão que facilmente poderia custar à Random milhares de dólares em vendas. O livro que surgiu a partir disso, *Mississippi, conflict and change*, foi muito elogiado. Ele não foi adotado pelas escolas públicas do Mississipi, embora tenha sido selecionado por escolas católicas e algumas escolas independentes. O fundo de defesa legal do NAACP em Jackson, Mississipi, comandado por Melvyn Leventhal, se ofereceu para contestar a recusa do estado em permitir compras públicas do livro, e o caso finalmente foi ouvido pelo Tribunal Distrital dos Estados Unidos para o Distrito Norte do Mississipi. Argumentando, de modo muito eficaz, que as escolas não poderiam efetivamente superar a segregação se o material de ensino continuasse racista, Frank R. Parker venceu o caso. Contudo, naquele momento, Reagan era o presidente, e a possibilidade de exigir o cumprimento da decisão era mínima. Nosso pessoal de vendas descobriu que, quando procurava as escolas do Mississipi para vender o livro, os funcionários simplesmente batiam o telefone. O livro permaneceu em catálogo durante muitos anos, mas nunca teve o impacto que claramente merecia.

Os problemas de raça e pobreza estão inter-relacionados, e nós tentávamos na época descobrir formas de lidar com os dois temas. Richard Cloward e Frances Fox Piven eram ativistas e intelectuais que faziam essas relações. Eles envolveram-se profundamente nos protestos que ajudaram a dar origem à política social de Lyndon Johnson. O primeiro livro deles, *Regulating the poor* (1971), revelou-se um fenômeno nas universidades do país, vendendo mais de meio milhão de exemplares e ajudando a estabelecer o currículo de incontáveis cursos de ciência política e sociologia. Esse foi um dos poucos livros em que reflexão e ação estavam intimamente unidas.

Em 1970, um cientista político de Boston, William Ryan, escreveu para a *Nation* uma crítica devastadora do livro de Daniel Moynihan sobre raça e família. Por recomendação do então editor da revista, Carey McWilliams, nós escrevemos para Ryan perguntando se ele estaria interessado em ampliar o artigo. *Blaming the victim* foi um título bem escolhido para o livro que resultou disso; ele também teve mais de meio milhão de exemplares vendidos. Vendas assim de obras políticas sérias não eram vistas desde o tempo da guerra, e marcaram uma ruptura nos hábitos de leitura norte-americanos. Nossos colegas da Random House estavam desfrutando de sucesso semelhante com livros sobre a Guerra do Vietnã e o movimento pelos direitos civis. Livros de líderes negros, como Elridge Cleaver e Malcolm X, tiveram vendagens extraordinárias, o que mostra como a opinião pública tinha mudado desde a publicação do livro de Myrdal, nos anos 1940. Nós também trabalhamos duro para estabelecer uma ligação com Ralph Nader e suas várias organizações. O primeiro livro de Ralph, *Unsafe at any speed*, uma crítica aos padrões de segurança dos automóveis, transformou-o em um destacado crítico da indústria norte-americana. Demonstrando ter uma habilidade para organização que poucos lhe atribuíam, Ralph criou em Washington uma série de grupos para lidar com questões específicas como segurança automobilística, meio ambiente e defesa do consumidor. Ele também ajudou a criar a rede de PIRGs (Public Interest Research Groups), os grupos de pesquisa de interesse público, em todas as principais cidades.

O livro de Nader para a Pantheon foi um dos seus melhores. Publicado em 1988 e escrito com seu colega John Richardson, *The big boys* era uma série de perfis dos líderes de grandes corporações, baseados em entrevistas com os próprios executivos. Ralph conseguiu arrancar relatos extraordinariamente francos dos líderes de algumas das maiores empresas, e em uma época anterior, mais favorável, o livro certamente teria sido um enorme sucesso, mas nos anos 1980 o clima tinha mudado, e a direita podia atacar Nader logo de cara, sem na verdade precisar apresentar argumentos. Quando *The big boys* finalmente foi publicado, recebeu o tipo de resenha entediante que tem como objetivo matar um livro.

(É extremamente difícil iniciar um debate público que critique as grandes empresas. Com as exceções da indústria do fumo e dos fabricantes de armas, que são um perigo claro e presente à saúde pública, as grandes indústrias, em sua maioria, conseguiram manter-se protegidas das críticas externas. A imprensa como um todo não publica investigações detalhadas das políticas empresariais em suas páginas de economia. Ironicamente, tem sido o *Wall Street Journal*, cujas páginas editoriais desencorajaram as pessoas de conversar com Nader quando ele estava pesquisando para *The big boys*, a mais destacada exceção a essa regra geral. Mas entre as dezenas de milhares de livros sobre negócios publicados todo ano, é impressionante como poucos apresentam uma visão cuidadosa do que realmente está acontecendo, por mais importante que isso seja para possíveis investidores, sem falar nos empregados das próprias indústrias e nos cidadãos como um todo.)

Até a escalada da Guerra do Vietnã, no final dos anos 1960, livros sobre política externa dificilmente eram publicados. O interesse nos assuntos externos ligados a Guerra Fria era tão limitado que a CIA teve que, disfarçadamente, financiar a publicação de centenas de livros defendendo a posição do governo. Violando as leis federais relativas às suas atividades, esses livros, ostensivamente publicados apenas para públicos externos, naturalmente conseguiram chegar ao mercado norte-americano. De fato, como ocorria com boa parte da propaganda norte-americana durante esse período, o leitor interno provavelmente era o público pretendido desde o início. Durante as audiências do Congresso sobre as atividades da CIA nos Estados Unidos na década de 1960, centenas de títulos foram revelados. (Muitos deles foram publicados pela Praeger, uma empresa criada por um jovem imigrante austríaco que tinha trabalhado com as forças de ocupação norte-americanas em seu próprio país.) Tais publicações não tinham sido necessárias anteriormente. Os livros publicados durante a Segunda Guerra Mundial uniformemente apoiavam a política externa norte-americana. Não havia censura formal e, eu suspeito, não havia pressão informal. Editores interessados em política externa, como Cass Canfield, da Harper's, faziam parte do *establishment* e em geral concordavam com o Departamento de Estado. Durante a Segunda Guerra Mundial, por exemplo, não consigo lembrar-me de nenhum livro publicado que discutisse o Holocausto ou criticasse a política externa norte-americana em relação aos judeus e outros grupos que estavam sendo exterminados. Assim como em Hollywood, onde nenhum filme que ao menos mencionasse esses temas surgiu até bem depois da guerra, o mercado editorial permaneceu extraordinariamente mudo.

Da mesma forma, durante os primeiros anos da Guerra Fria, foram publicadas muito poucas obras, salvo por editoras comunistas que tivessem por objeto as mudanças que ocorriam na Europa Oriental e na América Latina. Apenas nos anos 1960 o degelo começou a afetar a vida intelectual, bem como o mercado editorial norte-americanos. Primeiramente, publicamos livros sobre a China comunista. Aquela região do mundo ainda era um vazio no mapa da mídia norte-americana, e o *China lobby* tinha sido extraordinariamente bem-sucedido em convencer a maioria dos americanos de que o regime nacionalista deveria ter permanecido no poder e merecia apoio.

Nós publicamos muito mais sobre a China e o Japão nos anos seguintes, incluindo *War without mercy*, de John Dower, e, pela New Press, seu magistral *Embracing defeat*, que em 1999 ganhou o prêmio Bancroft, o prêmio Pulitzer e o National Book Award. Inicialmente nossos livros sobre a China tinham o objetivo de tentar dar um retrato mais preciso da revolução chinesa que aquele oferecido pelo Departamento de Estado e pelo *China lobby*. Mas com o passar do tempo nossos livros se tornaram mais críticos sobre as novas políticas chinesas. Neles estava a primeira descrição realista da Revolução Cultural e do crescimento de uma nova classe corrupta na sociedade chinesa. Eu tive a oportunidade de viajar duas vezes para a China e lá conheci uma nova geração impressionante de escritores e críticos. O mais importante era Liu Binyan, um jornalista corajoso levado à cadeia por ter denunciado a corrupção governamental. Quando eu o conheci ele ainda estava sob custódia policial, mas conversou comigo franca e convincentemente. Nós o contratamos para escrever diversos livros.

Com o tempo nós iríamos publicar livros sobre a América Latina e sobre a Ásia. A trilogia de Eduardo Galeano, *Memórias do fogo*, teve um enorme impacto, assim como os romances de Cortázar. Mas os livros mais dramáticos eram sobre o Chile, país sobre o qual publicamos um livrinho de Regis Debray e Salvador Allende que debatia o futuro da revolução chilena. Eu pedi ao embaixador do Chile em Washington, Orlando Letelier, que escrevesse uma introdução, e me encontrei com ele em sua embaixada no início do governo Nixon. Perguntei se ele achava que Washington iria deixar seu governo em paz. Desconhecendo os complôs de Kissinger, ele respondeu que Washington parecia amistosa, e especulou que talvez Nixon estivesse seguindo a política que o levara a restabelecer relações com a China. Pouco depois, Allende foi morto em um golpe e o próprio Letelier mais tarde foi assassinado em Washington pela Dina, a polícia secreta do Chile. Eu fiquei feliz de que pelo menos tivéssemos publicado uma denúncia desses acontecimentos: *Assassination on embassy row*, de John Dinges e Saul Landau, foi fundamental para finalmente levar os assassinos de Letelier à Justiça.

Nós demoramos a publicar livros sobre a Guerra do Vietnã. Eu estava sendo excessivamente otimista de pensar que a guerra era um desastre tamanho que não poderia continuar. Após alguns anos eu percebi como essa expectativa era tola. Outras editoras foram mais realistas, e um enorme número de livros sobre o Vietnã e o Sudoeste da Ásia foi lançado por editoras de todos os portes. Nós finalmente encontramos o livro que parecia colocar a oposição à guerra no contexto mais notável, *American power and the new mandarins*, de Noam Chomsky. Nós continuamos a publicar Chomsky durante muitos anos e seus livros estavam entre os mais importantes em nosso catálogo.

Com o aumento da rejeição às políticas norte-americanas da Guerra Fria, começamos a publicar algumas das pessoas que tinham sido fundamentais na formulação dessas políticas, mas que se tornavam cada vez mais críticas com relação à forma como elas eram implementadas; lançar essas obras era também um sinal de nossa nova proximidade do grande público. George Kennan tinha escrito uma impressionante crítica à política nuclear norte-americana, e eu o convenci a transformá-la em um pequeno livro, *A alucinação nuclear*. Nós publicamos vários livros seus em nossos últimos anos na Pantheon, e eles estiveram entre nossos títulos de maior sucesso. Ao mesmo tempo, eu sugeri ao ex-secretário de Defesa Robert McNamara que escrevesse o que acabou se tornando o primeiro de uma série de livros de análise dos equívocos da Guerra do Vietnã. Nós também procuramos o senador J. William Fullbright, cujo *Arrogance of power* constituía uma das mais impressionantes contribuições da Random House ao debate sobre o Vietnã, e pedimos que ele escrevesse um livro com suas reflexões sobre a política norte-americana da década anterior.[19] Esses velhos estadistas foram recebidos com o respeito que mereciam, e seus livros tiveram vendas muito boas.

※

OLHAR OUTROS CATÁLOGOS das décadas de 1960 e 1970 me fez lembrar que a Pantheon não estava sozinha na publicação de livros sobre temas políticos. Mesmo editoras que representavam os mais sólidos valores do *establishment*, como a Harper's, publicaram bastante sobre desigualdade racial e social. Havia um claro consenso de centro-esquerda dominando o mercado editorial norte-americano. A Pantheon se destacava por seu cosmopolitismo – pelo quanto ela buscava fora dos Estados Unidos idéias novas e freqüentemente divergentes. Mas em geral nossos livros seguiam basicamente a mesma linha daqueles lançados por outras editoras. De fato, em certas áreas havia editoras bem à nossa esquerda. Entre elas, tradicionais editoras marxistas como a Monthly Review, mas também as que representavam a esquerda cultural, como a Grove Press, de Barney Rosset. (Como vimos em 2000, foi a revolução sexual que acabou tendo o poder mais duradouro e o mais amplo apoio popular. Desde Ronald Reagan, os republicanos podem ter desfeito muitas das reformas econômicas implementadas pelos democratas a partir do New

Deal, mas nem mesmo Kenneth Starr e seus colegas conseguiram mobilizar a opinião pública em sua tentativa de renegar a revolução sexual.) As divertidas e bem recebidas memórias de Michael Korda desse período, *Another life*, oferecem um interessante retrato de como o mercado editorial mudou nas últimas quatro décadas e, talvez sem querer, endossam muitas dessas mudanças. Korda, que foi editor-chefe da Simon & Schuster durante muitos anos, começou sua carreira na empresa em 1958. Naquela época o catálogo da Simon & Schuster era uma mistura de livros populares – incluindo uma coleção muito lucrativa de palavras cruzadas – e títulos mais difíceis, como a *História da civilização* em muitos volumes, de Will e Ariel Durant.[20] Korda debochava nobremente de Max Schuster, que começou como editor de uma revista do mercado automobilístico, e de seu sócio Dick Simon, um ex-vendedor de pianos. Pertencente à famosa família de cineastas húngara e saído de Oxford, Korda via com desdém aqueles judeus de classe média e sua pretensão de servir ao mundo da cultura. Ele escreveu que a parede de Schuster era coberta de fotografias de seus autores famosos, um hábito muito comum, mas chamou a atenção para o fato de que pessoas como o historiador de arte Bernard Berenson pareciam surpresas nas fotos com Schuster e sua esposa, talvez confusas quanto a quem eles eram ou por que estavam ali. Nas palavras de Korda, quando Schuster começou no ramo,

[...] *a vulgaridade ainda era desaprovada. O mau gosto assustava os editores. Bennett Cerf podia dar voltas, alvoroçado, nos limites do* show business, *um* groupie *da Broadway, autor de antologias de piadas e membro do* What's My Line?, *mas, no que dizia respeito à sua persona de editor, ele esperava ser levado a sério e se aborrecia com livros "de mau gosto". A ambição de Max como editor era abarrotar o catálogo da S&S de livros de filosofia, história e alta literatura. Sempre vigilante, ele se assustava com a idéia de que algo de mau gosto pudesse levar seu nome.*[21]

Mas permanece o fato de que a Simon & Schuster publicou livros sobre uma grande diversidade de temas naquele período, em claro contraste com o que publica hoje. Embora a maioria desses títulos não seja mencionada nas memórias de Korda, é importante destacar que em 1960 a empresa publicou *Sense in the nuclear warfare*, de Bertrand Russell, em um de seus novos formatos de bochura – dificilmente um título de popularidade garantida. Também estiveram no catálogo *The open mind*, de J. Robert Oppenheimer, e *Ascensão e queda do Terceiro Reich*, de William Shirer. A Random House também lançou um conjunto razoável de obras naquele ano, incluindo *The end of empire*, de John Strachey, e *Do rococó ao cubismo*, de Wylie Sypher – mais uma vez, títulos que certamente não apareceriam em seus catálogos hoje.

O catálogo da Harper's de 1960 é ainda mais surpreendente. Hoje a Harper's é vista como uma editora de títulos extremamente comerciais, bem como de auto-ajuda e de livros de entretenimento. Uma olhada na Harper's há quarenta anos oferece um contraste perturbador. Embora seu catálogo de ficção não fosse particularmente marcante, o número de livros interessantes sobre história e política era extraordinário. Vinte e oito lançamentos são relacionados para a primavera de 1960, entre eles *The future as history*, de Robert Heilbroner, e *The United States in the world arena*, de W.W. Rostow. A Harper's também lançou os "Harper Torch Books" (hoje inteiramente eliminados do seu catálogo), que variavam de uma coleção sobre religião, que incluía *The destiny of man*, de Nicholas Berdyaev, até a *Introduction to the english novel*, de Arnold Kettle, em dois volumes.

Esses títulos foram lançados em uma época em que ainda não surgira o despertar intelectual do final dos anos 1960, deflagrado pela oposição à Guerra do Vietnã e pela discussão de questões internas. Os Estados Unidos ainda eram um lugar muito tranqüilo, intelectualmente falando. Os livros, portanto, não eram dirigidos a um público intelectual e acadêmico claramente identificado. Mais que se beneficiar dessa mudança, este catálogo ajudou a produzi-la.

Em 1970 é possível ver em que medida o cenário intelectual geral tinha mudado, em parte por esforços editoriais anteriores. O catálogo de primavera de 1970 da Simon & Schuster inclui *Do It!*, de Jerry Rubin, e *Grapefruit*, de Yoko Ono, bem como *Labor and the american community*, de Derek Bo e John Dunlop. O catálogo da Random House combina *Eu sei por que o pássaro canta na gaiola*, de Maya Angelou, com a tradução de *The Elder Edda*, de W. H. Auden, *The fifth world of Enoch Maloney*, do antropólogo Vincent Crapanzano, e *Points of rebellion*, de William Douglas. À lista da Harper acrescentam-se o livro de Alexander Bickel sobre a Suprema Corte, o livro de Hugh Thomas sobre a história de Cuba, um livro revolucionário sobre o Vietnã de Paul Mus e John McAlister (*The vietnamese and their revolution*), *Civilização*, de Kenneth Clark, e o livro de Todd Gitlin sobre os brancos pobres de Chicago (*Uptown*).

Os responsáveis por esses livros não eram um bando de radicais selvagens determinados a disseminar sua visão por todo o mundo, embora alguns dos editores nas grandes editoras tivessem de fato compromissos políticos. A Harper's ainda continuava a ser um dos pilares do *establishment*, como sempre fora. A editora, conhecida por suas ligações com o governo e a Ivy League, era dirigida por homens distintos e cautelosos. Mas as pessoas que dirigiam a Harper's eram bons editores, capazes de reagir ao disseminado radicalismo da época.

Dezenas de editoras, a maioria das quais já desapareceu (como casas independentes), produziam livros intelectualmente importantes. Algumas, como a McGraw-Hill, que publicou grandes autores como Vladimir Nabokov, se voltaram para livros técnicos e de negócios. Outras, como Schocken, Dutton ou Quadrangle, foram incorporadas a grandes grupos empresariais e despojadas de qualquer identidade própria. E outras ainda, como John Day e McDowell Obolensky, entraram para a história, parte de um passado quase que totalmente esquecido.

As mudanças que ocorreram na Harper's podem ser atribuídas basicamente a seus novos proprietários. Quando Rupert Murdoch assumiu a empresa em 1987, ela rapidamente tomou a direção que tem seguido desde então, concentrando-se nos livros mais comerciais, particularmente aqueles que podem ser relacionados às empresas de entretenimento de Murdoch. O conteúdo político do catálogo também foi alterado, de modo que, em vez de livros dos Kennedy e outros liberais, a editora hoje publica as memórias do coronel Oliver North e de Newt Gingrich. Murdoch trouxe seu próprio pessoal da Grã-Bretanha para substituir aqueles que estavam ligados à empresa havia muito tempo.

As mudanças na Simon & Schuster foram mais complexas e ocorreram durante um período de tempo mais longo. Korda, de acordo com suas memórias, é curiosamente ambíguo sobre essas mudanças. Com algumas poucas e respeitáveis exceções, como Graham Greene, um velho amigo da família e ídolo de infância, e o romancista texano Larry McMurtry, Korda estava preocupado com os autores de *best-sellers* altamente comerciais, como Harold Robbins, Irving Wallace e Jacqueline Susann. Ele posteriormente lançou *best-sellers* políticos dos autores Richard Nixon e (supostamente) Ronald Reagan.

Korda descreve estes autores, dos quais a sorte da empresa passou a depender cada vez mais, com impressionante desdém. Eles são exigentes, suas roupas são vulgares, não conhecem os lugares certos em Londres onde encomendar sapatos sob medida, ou os restaurantes certos para jantar – temas sobre os quais Korda é muito bem-informado. Ao mesmo tempo, ele descreve seus livros como a inevitável onda do futuro à medida que o mercado editorial se torna cada vez mais ligado à indústria do entretenimento e os estilos e valores de Hollywood se tornam predominantes. Os livros célebres são os títulos que irão criar ou destruir empresas, e Korda, juntamente com seu patrão, Richard Snyder, está determinado a seguir a primeira opção.

A Simon & Schuster foi comprada pela Viacom, dona da Paramount Pictures, e por um breve período foi até mesmo rebatizada de Paramount Books. Embora Korda seja sincero ao descrever as pressões econômicas dessas mudanças, ele ainda assim é firmemente aferrado à suposição de que estes são os livros nos quais o mercado editorial deveria concentrar-se, e se orgulha de seu sucesso com eles, embora não de sua ligação com seus autores. Em dado momento ele se permite uma avaliação muito dura de Harold Robbins. Robbins, um de seus primeiros autores de grande sucesso comercial, tinha escrito uma promissora primeira obra literária à moda dos romances proletários dos anos 1930, e tinha sido até publicado por Knopf.

Como a maioria das pessoas que se venderam, Robbins era amargurado por tê-lo feito e sentia que se vendera por muito pouco. Nas entrevistas ele sempre soava petulante e era rápido para defender seus livros dos críticos, mas a verdade era que ele desprezava seus leitores, e desprezava a si mesmo por alimentá-los.[22]

Parece que no mercado editorial atual só os autores se desprezam por se terem vendido. Os editores simplesmente antecipam tendências inevitáveis.

TRÊS

Determinando o lucro

EM RETROSPECTO, é surpreendente que, embora nossos esforços editoriais otimistas fossem intimamente ligados à sociedade em rápida transformação na qual vivíamos, nós ignorássemos as mudanças que ocorriam dentro das empresas que nos empregavam. Em 1965, a Random House foi comprada pelo gigantesco império da eletrônica RCA, e pouco depois as expectativas quanto ao livro-caixa, disseminadas em todo o mercado editorial, passaram a ser sentidas na Pantheon. Os lucros de nossos bem-sucedidos livros infantis já não podiam ser atribuídos a nós, as vendas de nossos livros universitários também não. Como a edição comercial era conhecida por trabalhar com títulos inicialmente não-lucrativos, todos dependíamos da renda de coleções com melhores margens, como essas. Com o tempo, as regras foram novamente alteradas e esperava-se que cada livro contribuísse tanto para pagar as despesas gerais quanto para a ampliação dos lucros.

Wall Street estava excitada com expectativas de sinergia. Achava-se que a RCA deveria ingressar no negócio de máquinas-de-ensinar, uma primeira versão fracassada do que mais tarde seriam os computadores. Os livros escolares da Random iriam então alimentar esse esforço, para o lucro de todos. Mas não tinham refletido cuidadosamente sobre a compra, e a RCA não percebeu que os livros escolares da Random estavam entre seus títulos mais fracos. A legislação antitruste da época desencorajava acordos internos desse tipo. A Random não era o que a RCA esperava, assim como a Henry Holt não fora o que a CBS queria nem as outras grandes fusões da época o que a Raytheon desejaria. Em poucos anos todas elas acabaram afastando-se, deixando as editoras como baleias encalhadas, sem saber quem iria resgatá-las.

Houve anos em que a Pantheon ganhou muito pouco, mas, como Bennett Cerf e o sucessor de Donald Klopfer, Bob Bernstein, sempre insistiram, em nenhum momento nós perdemos dinheiro. Ou seja, a Pantheon cobria seus próprios custos, mesmo que nem sempre contribuísse com a quantia esperada para os gastos da Random, uma soma que nunca nos foi informada e que nós nunca pudemos negociar. Para piorar ainda mais as coisas, esses custos não correspondiam simplesmente a um percentual dos gastos gerais, que disparavam, mas também incluíam serviços não existentes e percentuais injustos. Bernstein afirmou recentemente que a Pantheon não "precisava das enormes despesas da Random House para vender seu catálogo juvenil e outros livros voltados para o grande público", mas ela era cobrada por essas despesas.[23] Por anos a fio, eu tentei em vão descobrir quais eram essas despesas. Só quando eu estava para me afastar que um contador amistoso me confessou o quanto as cobranças tinham sido exageradas. Em nossos últimos dias na Pantheon, eu descobri que o depósito cobrava mais para despachar nossos livros que os de outras editoras do grupo Random porque, como alegavam, os nossos eram mais freqüentemente vendidos em exemplares isolados – o que nunca foi provado. Eu descobri que ao longo dos anos me tinham cobrado por um carro, embora eu não dirija. Várias vezes sugeri que nos mudássemos do caro prédio da Random, e quando nós compramos a Schocken poderíamos facilmente ter ido para as suas instalações modestas na Cooper Square. Mas a empresa preferiu manter aqueles escritórios desocupados durante anos em vez de permitir uma mudança lógica que teria poupado o dinheiro de todos.

Com o sucesso dos livros de Studs e de outros *best-sellers*, ficou claro que, embora a Pantheon não fosse enormemente lucrativa, ela não desperdiçava o dinheiro da Random. Livros que antes haviam parecido uma aventura e obras intelectualizadas difíceis iam parar em listas de leitura de universidades. O catálogo vendia mais a cada ano, cobrindo a maioria dos nossos custos. No conjunto, as vendas do catálogo, um parâmetro fundamental para qualquer editora séria, cresceram constantemente em 50%. Em 1990, as vendas da Pantheon eram de quase 20 milhões de dólares anuais.

Mas com o aumento da pressão sobre a Pantheon por crescimento e lucros, ficou claro que mesmo os títulos mais fortes de nosso catálogo nunca iriam vender o suficiente para atingir as metas orçamentárias impostas. Embora as vendas dos livros políticos da Pantheon na década de 1980 não fossem de modo algum tão boas quanto nas décadas de 1960 e 1970, nossos títulos eram cada vez mais adotados em cursos universitários. E algumas críticas a Reagan não repercutiam por muito tempo. Bob Lekachman foi um dos primeiros críticos incisivos com *Greed is not enough: reaganomics*, que entrou na lista de mais vendidos da *Times*. Apesar da certeza que nossa equipe de vendas tinha de que qualquer ataque a Reagan estava fadado ao fracasso, a coletânea de Mark Green, *Reagan's reign of error*, teve mais de 100 mil exemplares vendidos, mostrando que havia um público anti-Reagan maior do que se costumava acreditar. Mas as freqüentes revisões orçamentárias para cima, conhecidas por qualquer um que tenha trabalhado em corporações norte-americanas, forçaram-me a procurar livros que vendessem mais exemplares a preços maiores. Descobri que estava gastando cada vez mais tempo comprando livros que atendiam unicamente a objetivos comerciais; livros que, em sua maioria, poderiam ter sido publicados com sucesso muito maior por outros selos da Random House. Nossos colegas europeus acompanhavam essa mudança em nosso catálogo com perturbação crescente. Suas editoras também publicavam livros de culinária e livros sobre decoração, mas eles eram produzidos por departamentos distintos, especializados. Os editores encarregados dos lançamentos mais intelectualizados dessas empresas não mexiam com outras áreas.

Um estudo realizado pela Random mostrou que nenhum de seus selos lucrava com os livros vistosos comprados em quantidade, nos Estados Unidos e no exterior. Na busca desesperada por maior faturamento, todos estávamos trabalhando inutilmente e gastando muito dinheiro. A lógica centrada no lucro passou a ser contraproducente.

A necessidade de que cada entidade conseguisse um aumento anual de vendas e lucros levou cada selo da editora a duplicar os esforços dos outros e competir pelos títulos mais lucrativos. Como muitas das outras editoras, a Random tinha criado coleções específicas de livros mais populares. O selo Villard foi criado para produzir uma ficção mais popular na qual nem a Random nem a Knopf estavam interessadas. (Eu me lembro da recusa imediata feita por Alfred Knopf de *A dieta médica de Scarsdale*, livro escrito por seu próprio médico, que se tornou um dos livros de dieta mais populares de todos os tempos. Para Knopf não havia nenhuma dúvida de que o livro não deveria figurar no seu catálogo, e ele sequer se deu ao trabalho de sugerir ao autor que procurasse outra divisão da Random House. Na época, sua decisão não foi considerada incomum e tola.)

A decisão da RCA de vender a Random em 1980 deixou a editora em uma posição muito desconfortável. Diversas grandes editoras tinham sido colocadas à venda praticamente ao mesmo tempo, e seus proprietários sentiam dificuldade em encontrar novos compradores. A Random já era grande demais para ser adquirida por um comprador único, mas lançar ações seria complicado e arriscado. Os outros conglomerados estavam refreando o ímpeto aquisitivo que os tinha arrebatado no passado, basicamente pelas mesmas razões que levaram a RCA a descartar a Random. Não havia compradores óbvios à vista. Mesmo o baixo preço pedido, 60 milhões de dólares, parecia acima do interesse de qualquer um.

Foi enorme o alívio de Bernstein e seus colegas quando S.I. Newhouse os abordou. Newhouse, como Rupert Murdoch, era um proprietário multibilionário de meios de comunicação. Ele e seu irmão, Donald, tinham herdado do pai uma rede de jornais que era enormemente lucrativa, embora de pequeno mérito editorial. Por intermédio de jornais como o *Staten Island Advance* e o *Star-Ledger*, de Newark, reuniram uma fortuna que lhes permitiu comprar as revistas Condé Nast, bem como uma rede de valiosas emissoras de TV a cabo. Os irmãos eram donos de tudo, sem precisar prestar contas a acionistas, e não tinham ninguém com quem dividir os lucros. Diziase que eles possuíam pelo menos 10 bilhões de dólares.

Si, como ele é chamado, já era uma figura controvertida e bem conhecida. Famoso por sua coleção de arte, que adquiriu com a ajuda e os conselhos de Alex Lieberman, gerente editorial da *Vogue*, ele parecia em todos os sentidos o protótipo do bilionário intelectual e sofisticado. Dizem que certa vez ele gastou 17 milhões de dólares em um Jasper Johns sem pestanejar e mais tarde o vendeu com prejuízo de 10 milhões de dólares, aparentemente com a mesma serenidade.

Eu, por acaso, conheci Newhouse e sua esposa, Victoria, de outra maneira – estive envolvido na decisão acerca da proposta de financiamento do National Endowment for the Arts para a pequena editora de arquitetura sem fins lucrativos de Victoria. Foi em um contexto mais social que comercial que Si me perguntou se valia a pena comprar a Random. Eu respondi que se ele estava interessado em acrescentar à sua coleção o grupo editorial norte-americano de maior prestígio, era uma oportunidade única. Mas, acrescentei (talvez tolamente), se seu interesse era ganhar mais dinheiro do que ganhava com suas outras propriedades, então deveria abrir mão da oportunidade. Ele sorriu educadamente.

Newhouse assumiu a Random com a mais firme das garantias: ele enfatizou que nos tinha comprado por nosso mérito intelectual e cultural. Insistiu em que não tinha intenção de tentar administrar uma editora. Estava muito satisfeito com os empregados, e pretendia permitir que continuássemos a fazer o que fazíamos tão bem, só que com mais recursos. Ele posteriormente faria exatamente a mesma promessa ao comprar a revista *New Yorker*. Essa promessa foi quebrada em um ano. O compromisso assumido com a Random House durou um pouco mais.

Em retrospecto, está claro que todos ouvimos as garantias de Newhouse com um misto de credulidade e inocência. Claro que nós queríamos acreditar na idéia de um padrinho de conto de fadas cuja varinha de condão de 10 bilhões de dólares iria eliminar qualquer dificuldade que pudéssemos ter. Pelo que sei, nenhum de nós pensou em perguntar a colegas nas outras empresas de Newhouse como ele tinha administrado seus negócios e a que custo. Se o tivéssemos feito, teríamos descoberto um padrão claro e preocupante.

Quando Newhouse assumiu a Condé Nast, uma série de mudanças, revista a revista, foi implementada. Em todos os casos, publicações até então de sucesso passaram a ser consideradas como obras dirigidas a um público muito pequeno, sendo, portanto, insuficientemente lucrativas. Lucros que no passado se estimavam aceitáveis, insistiram Newhouse e seus gerentes, eram apenas uma parcela do que poderiam ser. A *Vogue* já não deveria mais apelar para os conceitos de estilo da elite, mas ser dirigida a um público maior e mais popular. Essa mudança em si seria lamentada por um número muito pequeno de leitores. Muito mais significativas seriam as mudanças feitas na revista com o intuito de aumentar a receita publicitária. Um novo projeto gráfico reduziu de tal forma a distinção entre páginas editoriais e publicitárias que apenas o leitor mais atento conseguia discernir uma da outra. E a *Vogue* parou de pagar pelas viagens feitas pelos seus colunistas de turismo. Isso deveria ser pago por companhias aéreas e outras empresas, em troca, claro, de menções favoráveis.

Com o tempo, todas as revistas, da *Mademoiselle* à *New Yorker*, passariam por essas mudanças. No último caso, uma revista que tinha se orgulhado – na verdade, se definido – pela distinção entre anúncio e conteúdo foi transformada, sob o controle de Newhouse, em uma publicação que dedicava edições especiais a temas de interesse dos anunciantes, como moda, para garantir novos pacotes publicitários altamente lucrativos.

Apenas retrospectivamente esse padrão se mostrou claro e inevitável, embora nós devêssemos ter sido capazes de identificá-lo desde o início. Ainda que inicialmente tivesse alegado que não se envolveria em decisões editoriais, Newhouse logo fez mudanças na Random House que a colocaram em um rumo bem mais comercial. O lucrativo departamento universitário da Random (em oposição à sua fraca coleção escolar) foi eliminado rapidamente; Newhouse estava tão ansioso para se livrar dele que aceitou vendê-lo por metade do valor que alcançou quando foi posteriormente revendido. O dinheiro foi utilizado para comprar uma das empresas norte-americanas mais comerciais, a Crown Books, que prometia grandes vendas na faixa inferior do mercado. Mas a Crown se revelou bem menos lucrativa do que os contadores de Newhouse tinham previsto. Nessas, como em muitas outras transações, ficava claro que o desejo de ganhar mais dinheiro superava em muito as recomendações habituais de cautela e prudência. Enormes quantias foram perdidas na compra e na venda de partes da Random House, assim como muitas se perderam na *New Yorker* e em outros periódicos, por causa da presunção genérica de que uma circulação maior era o caminho certo para um maior lucro.

Apesar de suas anteriores promessas de independência editorial, Newhouse acabou por se envolver pessoalmente na compra de títulos. Ele insistiu em que a Random House pagasse um enorme adiantamento a Donald Trump, o especulador imobiliário de Nova York cujas aventuras e os muitos fracassos ainda são motivo de piada em colunas de tablóides. Newhouse, que falava com grande admiração de seus colegas magnatas que apareciam no programa de televisão *Lifestyles of the Rich and Famous*, era atraído pelo esplendor como uma mariposa por uma vela. Ele providenciou o pagamento de adiantamentos gigantescos a figuras que claramente tinham pouco a dizer ao público, mas cujos nomes deveriam atrair as grandes massas. Nancy Reagan, por exemplo, recebeu 3 milhões de dólares por suas memórias, uma quantia que ficou longe de ser recuperada e que inspirou uma pessoa espirituosa a perguntar se era um adiantamento de direitos autorais ou uma gorjeta pelos serviços prestados pelos Reagan aos muito ricos. Newhouse também garantiu que a Random House contratasse um livro de seu velho amigo Roy Cohn, companheiro de McCarthy. (O livro foi atribuído ao diretor editorial da Random, Jason Epstein, mas Cohn morreu antes que ele fosse concluído.)

Na HarperCollins, Murdoch encorajou seus editores a pagar adiantamentos semelhantes, freqüentemente a pessoas igualmente conservadoras. O escritor de romances policiais Jeffrey Archer, então líder do Partido Conservador britânico, recebeu 35 milhões de dólares de adiantamento por três romances que fracassaram tão espetacularmente que as finanças da filial norte-americana da HarperCollins foram severamente abaladas. Com o tempo, Newhouse iria institucionalizar na Random House um sistema que maximizava tais loucuras; ele permitiu que os líderes das várias editoras do grupo Random lutassem uns contra os outros, em vez de agirem de forma unificada como antes. Como resultado dessa competição, livros como as memórias de Colin Powell receberam adiantamentos multimilionários, muito mais altos do que teriam recebido anteriormente.

Bob Bernstein estava cada vez mais desconfortável com essas novas práticas extravagantes. Bernstein viera do setor comercial da empresa, tendo sido inicialmente empregado como gerente de vendas. Ele se mostrou um homem de negócios brilhante, mas também percebeu como era importante ter uma empresa descentralizada dirigida por seus editores, não por seus contadores. Quando confrontado com decisões editoriais que envolviam considerações éticas, ele invariavelmente ficava do lado certo. No fundo, ele era um homem muito comprometido, com um particular interesse em questões de direitos humanos. Ele valorizava as responsabilidades editoriais de uma grande editora como a Random House, tanto dentro dos Estados Unidos quanto no cenário mundial.

O valor da Random House aumentava constantemente em função dos investimentos de Newhouse e de várias compras muito bem-sucedidas, particularmente de coleções de livros de bolso, concebidas por Bernstein. A empresa, adquirida por 60 milhões de dólares em 1980, valia mais de 800 milhões de dólares em 1990. Mas esse crescimento espetacular de mais de 15 vezes o valor da companhia não era suficiente para Newhouse. Ele queria mais lucros anuais, e a Random House, embora no azul, não conseguia apresentar esse rendimento.

Mais uma vez, como os números de Newhouse eram mantidos em segredo, nós não sabíamos que parte de sua preocupação era provocada por seus gastos extravagantes nas revistas da Condé Nast, que tinha nove dos seus 11 títulos no vermelho.

À medida que esse padrão se tornou comum em todo o mercado editorial, um crescente número de editores, sob a pressão de gerar lucros maiores, deixou as empresas em pouco tempo. Os agentes se tornaram cada vez mais um ponto de referência nas vidas dos autores, as únicas pessoas que eles sentiam que estariam lá para trabalhar com eles no futuro. Mas, a partir dessas circunstâncias razoáveis e compreensíveis, foi desenvolvido um novo sistema que iria acarretar conseqüências desastrosas a longo prazo.

Quando eu comecei no mercado editorial, a cláusula de opção em um contrato tinha real significado. O autor prometia oferecer seu livro seguinte a um editor e, na maioria dos casos, o editor tendia a ficar com ele. As editoras eram conhecidas por lançar a obra completa dos grandes autores, e era questão de orgulho para a Knopf, por exemplo, que as dezenas de livros escritos pelos mais famosos autores japoneses fossem todos ligados a Harold Strauss, o extraordinariamente erudito editor da Knopf nessa área. Também era incomum um autor consagrado ouvir que um novo livro provavelmente não iria vender um número suficiente de exemplares para justificar sua publicação pela Knopf. Quando Alfred Knopf recebeu *O cisne negro* de Thomas Mann ele não respondeu dizendo que preferia esperar por algo um pouco mais comercial.

À medida que os agentes se tornaram mais importantes, essas preocupações foram deixadas de lado. Um livro já não era enviado apenas para o atual editor daquele autor, mas para meia dúzia de outros potenciais interessados. Um leilão substituiu as antigas negociações nas quais o editor tinha o direito de fazer uma oferta aceitável como parte da cláusula de opção. Como Michael Korda recorda em suas memórias, alguns agentes ofereciam livros de autores famosos sem consultar o escritor que eles supostamente estavam representando. Se alguém mordesse a isca, o agente então abordava o autor com uma oferta tentadora.

A situação já era tensa quando as negociações envolviam quantias com as quais todos os participantes concordavam. Aos poucos, porém, o bom senso ia sendo abandonado, tanto pelos editores quanto pelos agentes. Confrontadas com a necessidade de manter seu controle sobre os principais autores ou então encontrar outros que garantissem a elas sucessos de vendas, as editoras se dispuseram a ganhar menos com seus principais títulos ou mesmo transformá-los em campeões de perdas. Os agentes perceberam essa mudança rapidamente e jogaram com ela o máximo que puderam.

Desinteressados em participar desse jogo, os editores da Pantheon buscaram outras formas de encontrar livros que pudessem ter grandes vendas. Nós estávamos preocupados com o fato de que os jovens, mesmo os universitários, relutassem em ler os clássicos tradicionais. Gastamos muito tempo buscando formatos mais acessíveis e visualmente atraentes. Uma ajuda nesse esforço veio inesperadamente do Terceiro Mundo. Um cartunista político mexicano conhecido como Rius tinha publicado um livro ilustrado chamado *Marx for beginners*. Embora não fosse propriamente uma história em quadrinhos, ele utilizava as ilustrações de forma muito eficiente e transmitia a essência do pensamento de Marx de uma forma facilmente compreensível. Ele vendeu extremamente bem no México, e tinha sido traduzido para o inglês pela Writers and Readers, uma pequena cooperativa de esquerda de Londres dirigida por um vigoroso grupo de jovens editores. Eu ofereci um adiantamento substancial para futuros livros, permitindo à Writers and Readers desenvolver uma coleção. Seguiu-se um grande número de títulos, traduções facilitadas da obra de pensadores como Albert Einstein e Sigmund Freud. Eu procurei Jonathan Miller, meu velho amigo de Cambridge, e sugeri que ele contribuísse com um trabalho sobre Charles Darwin, que fez grande sucesso. Na época em que nossa colaboração terminou, os livros da série "Beginners" tinham vendido mais de 1 milhão de exemplares e eram amplamente utilizados em escolas de ensino médio e universidades de todo o país. Nós também publicamos várias *graphic novels* de vanguarda, das quais a de maior sucesso foi *Maus*, o livro de Art Spiegelman sobre o Holocausto. Anteriormente recusado por dezenas de editoras norte-americanas, ele teve centenas de milhares de exemplares vendidos nos Estados Unidos e ganhou o prêmio Pulitzer.

Embora eu estivesse tentando encontrar livros que interessassem aos leitores que eram mais atraídos por imagens do que por palavras, ainda assim relutava em contratar livros de fotografia, sobre os quais sabia pouco. Mas, por intermédio do historiador norte-americano Warren Sussman, nós recebemos uma extraordinária tese de doutorado que tentava apresentar a psicoistória de uma cidadezinha de Wisconsin, na virada do século XIX, utilizando os arquivos de um fotógrafo local. *Wisconsin death trip*, de Michael Lesy, utilizava um grande número de negativos de vidro, desde os tradicionais retratos de casamento até fotografias que registravam as nada incomuns mortes de bebês. As imagens eram tão impressionantes que algumas lojas inicialmente se recusaram a ficar com o livro. Lesy tinha conseguido a proeza de, nos Estados Unidos pós-década de 1960, descobrir imagens que chocavam e impressionavam, como Luis Buñuel fizera em seus primeiros filmes. O livro se tornou um extraordinário sucesso comercial, e nós publicamos toda uma série dos peculiares e provocantes arquivos de Lesy sobre o passado norte-americano.

O inesperado sucesso do livro de Lesy me estimulou a mergulhar ainda mais na fotografia. O impressionante livro de fotografias coloridas de Susan Meisela sobre a Nicarágua afetou significativamente a percepção contemporânea da América Central. Nós também publicamos *Secret Paris of the 30's*, do renomado fotógrafo francês Brassaï, em uma edição que se mostrou mais popular que sua equivalente francesa. A obra de Brassaï nos levou a outras descobertas semelhantes do passado, incluindo a fascinante documentação da Havana da década de 1940 por Walker Evans, o trabalho posterior de Robert Frank e a primeira coletânea completa das fotografias da Bauhaus de Moholy-Nagy. Tendo ficado conhecidos pelo sucesso de nossos livros de fotografia, nós pudemos publicar fotógrafos mais comercialmente bem-sucedidos, como Annie Leibovitz e Helmut Newton, livros que ajudaram a dar conta da crescente pressão dos administradores da Random House por maiores vendas.

Por algum tempo eu achei que conseguiríamos escapar da armadilha criada pelas expectativas de lucro de Newhouse expandindo a Pantheon por intermédio de aquisições. Se a Pantheon conseguisse encontrar uma empresa adequada para comprar, poderíamos ampliar o faturamento anual e aumentar nossa venda de catálogo, como outros tinham feito. Newhouse defendia tais compras e chegou mesmo a apresentar a nós algumas possibilidades. Mas os catálogos apresentados não pareciam fortes o bastante ou suficientemente interessantes. Porém, se conseguíssemos encontrar a empresa certa, e integrá-la com sucesso, a Pantheon poderia ganhar mais dinheiro. Assim, eu fiquei bastante interessado quando, em 1987, fui procurado por advogados perguntando se queríamos ficar com a Schocken Books.

Ao longo dos anos, praticamente desde o início de meu período na Pantheon, eu tinha trabalhado com as pessoas que administravam a Schocken. Eu sentia uma grande afinidade com Schocken, um editor exilado que tinha fugido da Alemanha por causa da guerra, se instalando inicialmente em Jerusalém e depois, em 1945, nos Estados Unidos. Schocken representava a impressionante tradição judaica alemã. Embora eu pessoalmente não partilhasse as posições religiosas da editora, tinha lido e admirado muitos de seus autores, incluindo Martin

Buber, Gershom Scholem e Walter Benjamin. No passado, Hannah Arendt havia trabalhado por algum tempo para Schocken como editora; os descendentes da família Schocken tinham mantido os altos padrões intelectuais que marcavam a empresa desde sua criação.

Durante o curioso período na década de 1930 em que os nazistas encorajaram uma atividade cultural judia como forma de segregá-la claramente do restante da cultura alemã, Joseph Goebbels decretou que Schocken seria o editor de Franz Kafka e de outros escritores judeus alemães. Assim, Kafka se transferiu da editora de Kurt Wolff, onde tinha sido lançado, e se tornou uma parte fundamental do catálogo da Schocken. Goebbels não poderia ter previsto que isso iria, com o tempo, ser fundamental para manter o papel de Schocken como importante editor judeu.

A Schocken nunca tinha sido muito lucrativa, sendo sustentada pelos bens imobiliários da família, assim como a Schocken original fora subsidiada por uma loja de departamentos em Berlim. O preço de compra era pequeno para os padrões de Newhouse, e eu considerava importante garantir uma proteção para a empresa. Insisti com o pessoal de Newhouse que tal negócio fazia sentido e, após meses de investigações minuciosas, foi fechado um acordo. Mais tarde me pareceu irônico que uma compra que implicasse tão pouco risco tivesse sido feita com tanto cuidado, ao passo que a compra muito mais duvidosa da Crown tivesse acontecido de forma tão peremptória.

Com o aumento das pressões financeiras de Newhouse, a idéia de relançar a Schocken me animou novamente. Nós decidimos não simplesmente reimprimir os velhos livros, mas tratá-los com a importância que eles merecem. Foram encomendadas novas traduções da obra de Kafka, com a supervisão de Mark Anderson, do Departamento de Língua Alemã da Faculdade e Letras da Columbia University. A parte da obra de Kafka que anteriormente não havia sido traduzida também foi acrescentada. Nós criamos uma coleção de livros, alguns abordando Israel e a Europa Oriental, e outros, a história da Segunda Guerra Mundial. O excelente catálogo da Schocken sobre o

Holocausto foi reimpresso, embora eu tenha ficado chocado ao ouvir de um dos vice-presidentes da Random House, (o judeu) Bruce Harris, que gostaria que nós "parássemos de acertá-lo na cabeça com todos esses títulos sobre Holocausto" porque eles não iriam render dinheiro suficiente.

No outono de 1989, nosso catálogo conjunto tinha aumentado substancialmente, e eu estava orgulhoso dos títulos que tínhamos somado ao selo. Mas como queríamos permanecer fiéis à história da empresa e de seus autores, a possibilidade de lucro rápido foi descartada. Nos primeiros anos nosso investimento perdeu dinheiro, já que a reedição do catálogo e a nova tradução de Kafka tinham sido empreendimentos custosos.

No final, aquilo que inicialmente tinha parecido uma solução provisória para os problemas da Pantheon com a Random House se transformou, na verdade, em fonte de mais pressão sobre um relacionamento já tenso. O futuro da Pantheon claramente estava correndo risco. Apesar de Newhouse continuar a insistir em suas boas intenções, corria o boato de que ele estava ansioso para fechar a Pantheon. Dizia-se que só o apoio de Bernstein mantinha o catálogo vivo. Durante os anos 1980, a linha editorial da Pantheon continuou a ser fortalecida, com as vendas aumentando constantemente e diversos livros entrando na lista de mais vendidos da *Times*, dos romances de Anita Brookner às obras de George Kennan sobre história e política.

Mas então Newhouse decidiu que Bernstein estava fora. Com a mesma brutalidade que tinha caracterizado as demissões de diversos editores das revistas de Newhouse, a "renúncia" de Bernstein foi anunciada a um mercado editorial perplexo em 1989. A primeira página da *Times* registrou o acontecimento e dedicou a ele vários artigos – poucos chegaram às conclusões óbvias sobre o futuro que estava reservado para a Random House. Tudo, porém, ficou bastante claro quando Newhouse colocou Alberto Vitale como sucessor de Bernstein. Vitale começara sua carreira na Itália como banqueiro e mudara-se para Nova York para se tornar comandante das propriedades norte-americanas do grupo Bertelsmann, então composto apenas pela Doubleday, a Bantam e a Dell. Dizia-se que Vitale estava prestes a ser demitido do cargo quando foi procurado por Newhouse, que lhe ofereceu aquele que era visto por todos como o emprego mais importante do mercado editorial norte-americano. Newhouse é um homem reservado e acanhado, como fica evidente em suas biografias, mas ele claramente se sentia atraído por seu oposto, um homem de negócios com disposição violenta e uma postura inteiramente antiintelectual – a figura do valentão durão e voluntarioso que realiza as coisas sem ter medo de fazer o que for preciso para ganhar o máximo de dinheiro possível.

Colocar um homem de negócios filistino no comando de uma editora não era algo novo. Eugene Exman fala do novo presidente da Harper's em 1915, C. T. Brainderdin, conhecido por dizer: "Não há ninguém aqui que não possa ser substituído por um copista de dez dólares por semana", e que cortou anúncios e outros supérfluos – o que fez com que em muito pouco tempo perdesse Sinclair Lewis para a Harcourt, James Branch Cabell para a McBride e Theodore Dreiser para a Boni and Liveright. Tendo perdido desse modo a maioria das estrelas literárias da empresa, ele ficou apenas com os autores mais populares, como Zane Grey. Seus concorrentes, claro, ficaram deliciados e sem dúvida concordaram com sua análise, afinal ele mesmo era perfeitamente substituível.

Vitale foi apresentado por Newhouse como um homem de cultura e sensibilidade, uma descrição rapidamente desacreditada pela confissão de Vitale de que era ocupado demais para ler um livro (embora ele tenha finalmente concordado em ler os romances de Judith Kranz, a autora mais vendida da Crown). Em um arranha-céu no qual praticamente todos os escritórios eram cobertos de livros, o de Vitale oferecia um contraste impressionante. Não podia ser visto nenhum livro nas prateleiras; as fotografias não eram de autores, mas de seu iate.

Na primeira vez em que eu encontrei Vitale na luxuosa casa de Newhouse no East Side, ele me recebeu com as palavras: "Ah, Pantheon, de onde vêm todos aqueles livros maravilhosos". Aquilo que eu considerei um cumprimento era, na verdade, uma acusação. Mal Vitale tinha assumido o cargo e começaram a circular boatos do iminente fechamento da Pantheon. Foi apenas mais tarde que eu me dei conta de que isso era parte do *modus operandi* empresarial típico de Newhouse, segundo o qual boatos servem para minar a posição de alguém em baixa, enfraquecendo sua capacidade de barganha ou preparando-o para uma demissão. Embora a Random House estivesse perdendo muito dinheiro na Crown, a atenção logo se concentrou na inadequada rentabilidade da Pantheon.

Inicialmente pensamos que os boatos não passavam disso: o tipo de especulação que o mercado editorial adora, a *Schadenfreude* que surge com a idéia de que uma outra pessoa está prestes a ser derrubada. Nós não tínhamos idéia de como os boatos tinham sido cuidadosamente orquestrados. Na verdade, quando eu revejo minha correspondência do período, encontro cartas que escrevi em meados de janeiro de 1990 tranqüilizando amigos na Inglaterra que tinham ouvido que nós atravessávamos uma fase problemática. Eu cheguei ao ponto de sugerir a Vitale que ele negasse publicamente os boatos, acabando com as insinuações de que nós estávamos na sua mira. Escrevemos um *release* e sugerimos que ele o enviasse, destacando o fato de que a Pantheon estava publicando um catálogo de lançamentos excepcionalmente forte, o seu melhor, acreditava eu, e que sua lucratividade estava prestes a aumentar significativamente. Nós tínhamos acabado de contratar uma coleção de livros de Matt Groening baseados em um novo programa de televisão chamado *Os Simpsons*. Nós não tínhamos idéia de que esses livros iriam vender milhões de exemplares, mas sabíamos que a lista de lançamentos de 1990 renderia tanto dinheiro quanto qualquer outra lista que a Pantheon já tinha publicado, e que, se os livros de Groening cumprissem nossas expectativas, provavelmente estaríamos entre os setores mais lucrativos da Random.

Contudo, em uma série de reuniões para as quais eu fui convocado, logo ficou claro que o destino da Pantheon já tinha sido decidido.

Vitale inicialmente sugeriu que nós poderíamos ganhar muito mais se cortássemos o catálogo e a equipe em 2/3 e nos concentrássemos nos livros de maior tiragem. Em resposta eu insisti em pedir aos contadores da empresa um orçamento. Os cálculos mostraram que a Pantheon seria muito *menos* lucrativa se fizesse os cortes draconianos sugeridos.

Uma reunião crucial em janeiro demonstrou como estávamos distantes. Vitale olhou a relação de livros que íamos publicar na primavera de 1990, um catálogo do qual estávamos particularmente orgulhosos. "Quem é esse Claude Simon?", perguntou ele com desdém – claramente nunca tinha ouvido falar do romancista ganhador do Prêmio Nobel; "E este Carlo Ginsburg?", provavelmente o mais conhecido historiador italiano. Eu então percebi que ele estava lendo a lista a partir do lado direito da página, onde eram registradas as tiragens iniciais, e só depois passava para os títulos intrigantes. Para ele, era como se nós fôssemos um fabricante de sapatos, produzindo tamanhos pequenos demais para calçar a maioria dos fregueses. "Qual é o sentido de publicar livros com tiragens tão pequenas?", gritou ele. Nós não estávamos envergonhados de nós mesmos? Como eu podia me encarar no espelho todas as manhãs sabendo que queria publicar títulos tão desesperançosamente não-lucrativos? A lista incluía os livros de Groening, que, de acordo com nossa avaliação, iriam mais que plenamente compensar as perdas que pudessem advir dos livros mais difíceis. Mas a nova política de Vitale era a de que cada livro deveria fazer dinheiro por si mesmo e que já não era possível que um título subsidiasse outro.

Os cortes de catálogo e pessoal eram apenas parte do projeto. Vitale me disse de forma muito clara, embora posteriormente tenha negado, que nós deveríamos parar de publicar "tantos livros de esquerda" e, em vez disso, publicar mais livros de direita. Estava claro que Newhouse andava insatisfeito com a publicação de títulos cuja posição política o desagradava, e evidentemente sua eliminação era um dos motivos pelos quais a Pantheon tinha sido colocada no alto da lista de problemas a resolver. Newhouse, cujas posições políticas eram conhecidas por ser claramente direitistas desde a faculdade, tinha objetado tanto à publicação por Bernstein de dissidentes soviéticos quanto à nossa publicação dos dissidentes norte-americanos. Em alguns meses, esses dois espinhos seriam removidos da sua garganta.

Conforme as discussões continuavam, eu comecei a perceber que estávamos envolvidos em uma farsa, em um exercício puramente simbólico. O que estava acontecendo era antes o fechamento de uma fábrica do que uma discussão sobre o futuro de uma editora. Presumimos que estávamos lidando com interlocutores dispostos a apresentar seus pontos de vista honestamente e ouvir os nossos com alguma disposição. Ficou claro que este não era o caso: as promessas feitas por Vitale em uma sessão eram veementemente negadas por ele e por seus subordinados na seguinte. Essa mudança constante me convenceu de que nossas discussões eram sem sentido. Newhouse e Vitale queriam ou diminuir a Pantheon como um prelúdio ao seu fechamento ou desanimar meus colegas e eu tão completamente que nós sairíamos por conta própria.

Quando Tom Mayer escreveu na *Newsday* um longo e perspicaz texto sobre nossa história, mais tarde incluído na biografia que fez de Newhouse, ele definiu a Pantheon como uma ilha no mar da Random House. Ele contou que nossos colegas na Random House nos consideravam distantes e diferentes – muito mais do que eu percebia na época.

Durante os anos 1970, quando os interesses da Pantheon ficaram claros para o resto do mundo, não era difícil encontrar jovens competentes e comprometidos que partilhassem nosso ponto de vista e estivessem dispostos a trabalhar para nós, embora nossos salários estivessem longe de ser os mais altos do mercado. Para descobrir pessoas com os interesses e as habilidades de que necessitávamos, eu tinha procurado mais fora do mercado editorial que dentro dele. Embora sempre tivéssemos contado com um editor profissional, advindo do mercado, que se concentrava nos títulos mais comerciais, a maioria dos meus colegas viera das universidades. Sara Bershtel tinha sido durante muitos anos professora de literatura comparada. Crítica capaz, conhecedora de muitos dos idiomas com os quais trabalhávamos, ela foi responsável por muito do que publicamos da Europa, bem como por autores norte-americanos como Barbara Ehrenreich. Jim Peck e Tom Englehardt vieram do Committee of Concerned Asian Scholars, um grupo *ad hoc* criado durante a Guerra do Vietnã, e tinham sido editores do influente *Bulletin* do comitê. Ambos eram acadêmicos dedicados – Jim continuou a se concentrar nessa área, mas também passou a trabalhar com autores como Fullbright e Chomsky. Tom, o editor do *Maus* de Art Spiegelman, também se transferiu para outros campos, especialmente para o da cultura popular. Wendy Wolf, que mais tarde iria desempenhar um papel fundamental como editora dos livros de Groening, tinha começado ainda jovem no departamento juvenil da Pantheon. Após uma curta estadia lá, aprendeu a editar em um longo treinamento conosco, tornando-se uma profissional altamente capaz. A última do grupo, Susan Rabiner, se juntou a nós muito tempo depois, vinda da Oxford University Press. Altamente profissional e ativa, ela assumiu boa parte da produção da Schocken Books.

Nós gradualmente formamos um grupo de pessoas inteligentes e capazes, cada uma delas com claras áreas de especialização, cada uma capaz de desenvolver sua própria lista de autores. De forma única, trabalhávamos juntos como grupo e havia muito pouco entre nós daquele espírito de rivalidade que pode ser sentido em qualquer empresa. A importância das idéias com as quais estávamos lidando superava outras considerações, e um grupo unido foi formado e mantido junto até o final.

Eu sabia que meus colegas não tinham nenhuma intenção de compactuar com a destruição da Pantheon. Quando ficou evidente que alguns poderiam ser demitidos, eles deixaram claro para mim que pediriam demissão coletiva. Eu insisti com os mais jovens, incluindo Susan, que se tinha juntado a nós pouco antes, para que esperassem até encontrar bons empregos em outro lugar, mas eu podia ver que eles tinham tomado uma decisão. Assim, eu disse a Vitale e seus colegas que seus planos não iriam dar certo e que eu também iria sair, já que a Pantheon como esforço coletivo não existiria mais. Os avisos foram ignorados. As pessoas normalmente não abrem mão de uma posição confortável no mercado editorial sem ter para onde ir. Em vez disso, permanecem sob o argumento de que elas, e não seus colegas, devem ficar, na esperança de gerar mais lucros sob novas circunstâncias. A perspectiva de que, como um grupo, meus colegas poderiam agir por princípios deve ter parecido inacreditável para os chefes da Random House.

Pelos relatos que recebemos mais tarde, a demissão coletiva da equipe da Pantheon certamente provocou grande surpresa. Meus colegas, muitos dos quais tinham crescido nos anos 1960, conheciam técnicas de organizar protestos, e em alguns dias foram enviadas cartas para nossos autores e outros espalhados por todo o mundo, pedindo seu apoio e estimulando protestos. Houve um inédito interesse dos meios de comunicação. Centenas de pessoas, incluindo autores como Kurt Vonnegut e E.P. Thompson, bem como um grupo considerável de pessoas do mercado editorial de Nova York, fizeram manifestações em frente ao prédio da Random. Studs Terkel estava literalmente nas barricadas. Além disso, ele recusou ofertas de adiantamentos gigantescos e manteve seu novo original guardado até que pudéssemos publicá-lo na New Press, que ainda não tinha sido criada. Centenas de cartas de protesto foram enviadas a Vitale e um anúncio de página inteira foi publicado no *New York Review of Books*, assinado por todo tipo de autores, incluindo muitos editados pela Random House. Saiu um editorial na revista do mercado editorial, a *Publishers Weekly*, lamentando as decisões de Vitale e Newhouse, e pedindo que elas fossem revistas. O crítico John Leonard transmitiu uma eloqüente defesa do significado da Pantheon no programa *Sunday Morning*, da CBS.

Tudo isso cria um chocante contraste com a falta de apoio de nossos colegas da Random House e da Knopf. Nós realmente acreditávamos que nossa postura era em defesa de todos os editores das empresas de Newhouse. Estávamos certos de que as pressões a que nós nos opúnhamos não se limitariam à Pantheon. Como Vitale admitiu em uma entrevista posterior, ele tinha de fazer da Pantheon um exemplo, já que nós tínhamos mais obstinadamente insistido que os lucros advindos de livros comercialmente bem-sucedidos fossem utilizados para financiar os custos de títulos mais difíceis. A Knopf e a Random tinham publicado um grande número desses livros menos lucrativos ao longo dos anos, e, se a Pantheon fosse impedida de lançar livros assim, era provável que elas também fossem.

Para nossa surpresa, em vez de acreditar que estávamos agindo em prol dos seus interesses, quase todos os editores das outras editoras apoiaram plenamente a posição de Vitale. Circulou uma declaração concebida por dois editores veteranos afirmando que nossa posição não era absolutamente razoável, que não havia conflito entre atender as metas de lucro da empresa e publicar livros de valor. Um punhado de editores corajosos, como Vicky Wilson e Bobbie Bristol, da Knopf, se recusou a assinar esse juramento de lealdade e teve muitas dificuldades nos meses seguintes. Mas cerca de quarenta editores da Random House e da Knopf assinaram, incluindo alguns que nós considerávamos velhos amigos. Nenhum deles me telefonou para descobrir o que realmente estava acontecendo, nenhum único pediu detalhes sobre as discussões entre nós e Vitale. Imaginei que eles tinham sido orientados a não falar conosco.

Alguns foram ainda mais longe. Os editores que tinham ligações com editoras européias deram uma série de telefonemas tentando desencorajar os impressionantes protestos a nosso favor que estavam acontecendo no exterior. Outros agiram para impedir que eu recebesse ofertas de emprego interessantes. Uma comissão da Harvard University Press perguntou-me se eu estaria disposto a conversar com eles sobre a possibilidade de suceder a Arthur Rosenthal, seu gerente altamente qualificado que estava prestes a se aposentar. Arthur insistiu muito para que eu me candidatasse, e embora eu tivesse reservas quanto a me mudar para Cambridge, decidi que iria me reunir com a comissão. Mais tarde nós descobrimos que dois editores da Knopf tinham dado uma série de telefonemas para seus amigos e autores de Harvard, insistindo com eles para que dissuadissem a editora de me oferecer o emprego. Presumivelmente, minha transferência para Harvard seria vista como um apoio ao papel que eu tinha desempenhado na Pantheon, e era considerado importante evitar que isso acontecesse.

Foi impressionante como os esforços da Random House, tanto em sua campanha publicitária quanto em discussões privadas, se concentraram em garantir que a Pantheon fosse completamente desacreditada. Fomos classificados como pessoas inteiramente alienadas, que ninguém gostaria de contratar. A posição apresentada ao *New York Times* e a outros jornais foi a de que a edição de livros era um negócio sério demais para ser entregue a intelectuais. Mesmo homens de negócios experientes como Bernstein, argumentou-se, tinham demonstrado que não eram duros o bastante para enfrentar as necessidades de uma empresa moderna, permitindo, ao contrário, a publicação de todos os tipos de livros que não geravam dinheiro. A Pantheon era um caso grave: lá, os editores não apenas estavam dispostos a perder dinheiro como acreditavam que fazer isso era certo.

Os principais jornais em geral seguiram esse raciocínio, embora alguns tenham saído em nossa defesa, ou pelo menos adotado uma postura de esperar para ver. A reação na Europa foi o contrário. Houve uma enxurrada de artigos em defesa da Pantheon e do que ela defendia, e foram tão eficientes que a Random foi obrigada a tentar interferir, divulgando informações falsas sobre nossas perdas na esperança de conter a onda de indignação. Quando a persuasão fracassou, Vitale apelou para a coerção. Eu soube mais tarde de fontes confiáveis que Vitale ameaçou suspender todos os futuros anúncios da Random House na *Publishers Weekly* se ela continuasse a defender a Pantheon.

Alguns anos depois, todo esse processo se repetiu quando Bob Gottlieb foi sumariamente demitido de seu cargo de editor-chefe da revista *New Yorker*. Bob fora amigo íntimo e conselheiro de Newhouse, e achou que tinha total confiança de seu chefe. Ele queria muito trabalhar na *New Yorker*, apesar do levante da equipe após a demissão de William Shawn. Newhouse tinha prometido ao pessoal da *New Yorker* que iria manter a integridade da revista, e muitos ainda se sentiam profundamente traídos pela forma como Shawn tinha sido expulso. Mas Bob fora muito mais fiel à herança de Shawn do que Newhouse esperava, e pouco tempo depois ele também recebeu ordem de partir. Os boatos de sua iminente demissão estavam circulando havia algum tempo em Nova York quando Bob foi acordado no meio da noite em Tóquio, cidade que ele estava visitando, com a notícia de que os artigos publicados naquele dia no *New York Times* sobre sua dispensa não eram exagerados. A máquina de propaganda de Newhouse começou então a funcionar, insistindo em que os anos Shawn-Gottlieb, claramente os mais importantes da história da revista, representavam um triste desvio da inspirada missão original da publicação. Quando o *New York Times* fez uma pesquisa sobre a mudança com vários editores de revistas, apenas Rick MacArthur, o corajoso editor da *Harper's*, se dispôs a contestar a posição de Newhouse. Depois disso, Gottlieb foi lançado na lata de lixo da história, como se ele realmente fosse uma página ofensiva da Grande Enciclopédia Soviética que devesse ser rasgada, negada e esquecida.

Ficou claro que, na época de nossas supostas negociações, Vitale e seus colegas da Random House estavam seguindo um roteiro predeterminado, utilizado várias vezes antes. Assim como o departamento pessoal da Random tinha tudo pronto para mandar as pessoas embora e uma orientação de como preparar cartas para quem era demitido, Vitale preparou as suas "negociações". O primeiro passo era me negar o direito de ser acompanhado por alguém de minha escolha quando apresentasse minha posição. Eu queria que um de meus editores me tivesse acompanhado, para que eles ficassem inteiramente informados do que estava acontecendo. O objetivo era me impedir de ter qualquer testemunha quando as promessas que tinham sido feitas fossem mais tarde negadas.

A outra arma, utilizada com igual eficácia, era uma cláusula no acordo que assinei quando saí, estabelecendo que durante cinco anos nenhuma das partes podia falar à imprensa sobre as discussões internas que ocorreram na Random House na época ou antes. Embora Newhouse tivesse a fama de se livrar das pessoas com apertos de mão muito generosos, eles foram muito intransigentes nas negociações que levaram à minha saída. Estava claro que o melhor que eu poderia esperar receber seria a quantia em dinheiro que estava assegurada em meu contrato: "Nenhum centavo a mais", avisou-me mais tarde o tesoureiro da Random House. Esse dinheiro não era uma indenização; ele me era devido por contrato – eu o ganhara ao longo dos anos em uma espécie de fundo de pensão da Random House. A Random segurou o dinheiro por seis meses após eu ter assinado o acordo, na prática me obrigando a permanecer em silêncio enquanto a empresa soltava diversas declarações atacando a Pantheon e a mim. O *New York Times* noticiou adequadamente que eu não estava "disponível para comentários", mas apenas um jornalista buscou comentários de qualquer dos meus colegas, que poderiam muito bem ter contado a eles o que tinha acontecido. Os editores da Pantheon que tinham saído comigo fizeram isso corajosamente, sem qualquer acordo de indenização e, portanto, estavam livres para responder a qualquer pergunta. Assim como Bob Bernstein e Tony Schulte, que tinham pleno conhecimento das finanças da Pantheon ao longo dos anos. O fato de que nossa lucratividade nunca tinha prejudicado o regime anterior da Random House não foi algo que a imprensa tenha investigado. A questão foi apresentada de um modo muito simples e parcial, alimentada pelos mestres em mentiras da Random House, que apresentaram argumentos falaciosos e números falsos.

Em poucos dias Vitale contratou Fred Jordan para administrar o catálogo, mas ele permaneceu por um período muito curto. Jordan era um editor cuja experiência européia contribuiu para criar a ilusão de que continuaria a sustentar a tradição que a Pantheon tinha construído. Contudo, seguindo as intenções de seus empregadores, Jordan se reuniu com as poucas pessoas que tinham restado nos escritórios da Pantheon e anunciou em seu primeiro pronunciamento que a editora não iria mais publicar obras políticas. Nos anos seguintes, o selo abandonou totalmente sua linha editorial anterior e foi colocado inteiramente sob o controle da Knopf. Jordan não ficou muito mais de um ano nos escritórios da Pantheon. Os livros que tinham levantado questões sobre temas sociais mais amplos desapareceram, assim como os títulos intelectuais e culturais mais difíceis. Um dos principais títulos publicados pelo selo Pantheon no outono de 1998 foi uma coletânea de fotografias de bonecas Barbie. Quanto à Schocken, a Random House manteve o nome vivo, mas a ênfase passou a ser em alguns poucos títulos comerciais por ano – livros sobre culinária judaica, vida familiar e espiritualidade.

    Ironicamente, muitos daqueles que tinham assinado a declaração nos criticando partiram logo, por motivos muito semelhantes aos que levaram ao fechamento *de facto* da Pantheon. Quanto a isso, o caso da Times Books é revelador. Como o nome sugere, o selo era originalmente ligado ao *New York Times*, e dedicado a publicar os livros de seus repórteres. Com o tempo, nomes mais famosos e vendáveis, como Boris Yeltsin e Nancy Reagan, foram acrescentados ao catálogo. Mas o foco continuava a ser em política e atualidades. Em 1997, Vitale decidiu que essa postura não era suficientemente lucrativa, e os dois diretores, Peter Osnos e Steve Wasserman, se afastaram em resposta às mudanças que estavam sendo impostas. Eles me falaram sobre suas conversas com Vitale, nas quais foram adotadas abordagens mais sutis que aquelas utilizadas com a Pantheon na tentativa de tornar a empresa mais comercial, mas com os mesmos resultados finais. Disseram que eles eram editores tão capazes que parecia uma vergonha desperdiçar seus talentos com livros que, independentemente do quanto fossem importantes, tinham vendas tão limitadas. A Times

Books tinha acabado de lançar o denso estudo de Theodore Drapper sobre a Constituição norte-americana, um livro que recebera muitos elogios. Contudo, de acordo com Vitale, ele não tinha vendido o bastante, e seria melhor se Osnos e Wasserman gastassem mais tempo com livros como a coletânea de discursos de Bill Clinton. Este livro, um dos últimos publicados pela *Times*, foi encomendado em grande número, e voltou das livrarias em número igualmente recorde.

Mesmo o altamente lucrativo catálogo da Knopf gradualmente deixou de lado as traduções e as obras de filosofia e crítica de arte mais difíceis com as quais tinha construído sua reputação. A própria Random House se voltou mais para os níveis inferiores do mercado, competindo com a Knopf por títulos que se esperava que trouxessem os milhões que eram fundamentais para a máquina. O sistema que permitia que partes da mesma empresa competissem entre si, e na verdade exigia que isso fosse feito, levou ao aumento dos adiantamentos e fez disparar os gastos com anúncios e publicidade.

O motivo pelo qual entrei em tantos detalhes não reside no fato de que eu tenha considerado que o que aconteceu à Pantheon fosse algo especialmente único. Ao contrário, quanto mais eu converso com colegas, mais percebo que aquilo pelo que passamos foi um procedimento padrão em muitas editoras. Milhões de operários demitidos em fechamentos de fábricas passaram por algo infinitamente pior. Suas demissões raramente atraem a atenção da imprensa. O volume de dinheiro recebido com indenizações ou de fundos de pensão mal é suficiente para garantir sua sobrevivência nos meses seguintes. É óbvio que muitas das facetas mais importantes da sociedade são determinadas não por entidades públicas, mas por instituições privadas, embora raramente isso seja discutido. Corporações controlam inteiramente quem trabalha e como trabalha. Os empregados não têm o direito de protestar ou mesmo, em muitos casos, de negociar. Processos de indenização estão fora de questão e, segundo meus advogados, há pouca base legal para ações jurídicas.

Em nosso caso, era evidente que a intenção da empresa não era simplesmente se livrar daqueles que discordavam, mas deixar claro que não havia alternativa. A corporação e seu programa estavam acima de críticas e aqueles que ousavam discordar eram criadores de caso irresponsáveis que deviam ser vergastados na imprensa e banidos da profissão. Não importava que os novos planos se tenham mostrado inexeqüíveis e que as perdas sofridas pela Random tenham sido superiores a qualquer coisa vista antes. O que importava era poder. A empresa, como o partido ou o governo, precisa estar certa. Tudo pode cair por terra posteriormente, mas por hora não pode haver dúvida. O único questionamento possível a esse tipo de postura arbitrária é a crítica da imprensa e do público. Mas questões empresariais desse tipo, no mercado editorial ou em qualquer outro, raramente são discutidas abertamente.

QUATRO

Censura de mercado

AS RECENTES MUDANÇAS no mercado editorial discutidas nestas páginas demonstram a aplicação da teoria de mercado à disseminação da cultura. Após a instituição das políticas pró-empresariais de Ronald Reagan e Margaret Thatcher, os proprietários de editoras "racionalizaram" cada vez mais suas atividades. O mercado, argumenta-se, é uma espécie de democracia ideal. Não cabe às elites impor seus valores aos leitores, dizem as editoras, cabe ao público escolher o que quer – e se o que ele quer for cada vez mais fraco e limitado em abrangência, que seja. Os altos lucros são a prova de que o mercado está funcionando como deveria.

Tradicionalmente, as idéias eram dispensadas das habituais expectativas de lucro. Com freqüência se admitia que livros que apresentassem novas abordagens e diferentes teorias certamente iriam perder dinheiro quando lançados. A frase "o livre mercado de idéias" não se refere ao valor de mercado de cada idéia. Ao contrário, isso significa que idéias de todos os tipos devem ter uma oportunidade de ser apresentadas ao público, expressas e discutidas plenamente, não em fragmentos apressados.

Durante grande parte do século XX, o mercado editorial como um todo foi visto como uma área que empatava o investimento. O lucro viria quando os livros atingissem um público mais amplo por intermédio de clubes do livro e vendas de livros de bolso. Se isso era verdade para a não-ficção, era duplamente verdade para a literatura. Esperava-se que a maioria dos primeiros romances desse prejuízo (e de vários autores foi aceito que escrevessem muitos primeiros romances). Ainda assim, sempre houve editoras que consideravam a publicação de novos romancistas como uma parte importante do conjunto de sua produção.

Novas idéias e novos autores demoram tempo para se firmar. Pode levar anos antes que um autor encontre um público grande o bastante para justificar o custo de publicação de seu livro. Mesmo a longo prazo, o mercado não pode ser considerado juiz adequado do valor de uma idéia, como fica óbvio com as centenas ou mesmo milhares de grandes livros que nunca geraram dinheiro. Assim, a nova abordagem – decidir publicar apenas aqueles livros que podem ser imediatamente lucrativos – automaticamente elimina dos catálogos um enorme número de obras importantes.

Há ainda outro complicador. Enquanto ficção e poesia podem muito bem ser escritas por autores com outros empregos em tempo integral, autores de obras importantes de não-ficção precisam de adiantamentos ou de alguma outra forma de ajuda que lhes permita fazer sua pesquisa. É na área de obras importantes que temos visto o maior declínio. O "mudo, inglório Milton" do poema "Elegy written in a country churchyard", de Thomas Gray, foi substituído atualmente pelo "mudo, inglório Foucault", o pensador que não tem os recursos para escrever o livro que irá mudar o modo como pensamos, o que poderia acontecer mesmo que apenas um pequeno número de pessoas o compre.

Finalmente, como em todos os aspectos do livre mercado, há o problema de que o jogo está longe de ser justo. As maiores empresas, que publicam os livros mais comerciais, têm à sua disposição grandes orçamentos publicitários, a força de vendas enormes e uma rede extremamente eficiente de contatos na imprensa. Tudo isso ajuda a garantir que seus livros recebam algum grau de atenção. As editoras menores são incapazes de competir no mesmo nível e têm muito mais dificuldade em encontrar espaço para seus livros, tanto nas lojas quanto nas resenhas dos jornais.

A prevalência da ideologia de mercado afetou outras áreas da sociedade, que por sua vez afetaram a natureza do mercado editorial. Nos Estados Unidos e na Grã-Bretanha, por exemplo, as compras de bibliotecas públicas já foram grandes o bastante para cobrir a maioria dos custos de publicação de obras significativas de ficção e não-ficção. Eu me recordo de que Gollancz sempre encomendava o mesmo número de exemplares de livros da Pantheon – 1,8 mil –, fosse ele um romance policial, fosse um tratado político. Intrigado, eu acabei perguntando o porquê deste número. Simples, respondeu ele. Podia contar com as encomendas de 1,6 mil exemplares feitas pelas bibliotecas britânicas. Quando, recentemente, os fundos para bibliotecas foram cortados drasticamente, foi destruída uma estrutura que sustentava a publicação de muitos livros questionadores.

Mas essa é apenas uma de muitas forças que levam ao desaparecimento de livros "questionadores". A mudança nos processos editoriais em grandes editoras também teve um importante impacto. Esse processo foi enviesado pelo fato de que a decisão sobre o que publicar não é tomada por editores, mas pelos chamados conselhos editoriais, nos quais as equipes financeira e de *marketing* desempenham um papel fundamental. Se um livro parece que não vai vender um certo número de exemplares – e esse número aumenta a cada ano (hoje em dia é de cerca de 20 mil em muitas das maiores editoras) –, então o conselho editorial decide que a empresa não tem condições de bancá-lo. Esse normalmente é o caso quando se discute um novo romance ou uma obra de não-ficção séria. Aquilo que o *El País* chamou de "censura de mercado" tem cada vez mais força no processo de tomada de decisões, baseado na exigência de preexistência de um público para qualquer livro.[24]

No passado, pedia-se a um editor que estimasse as vendas do título que estava propondo. Mas claro que esses cálculos, inflados pelo compromisso do editor com as idéias do livro, freqüentemente não eram confiáveis, de modo que as tiragens paulatinamente passaram a ser decididas pelo pessoal de vendas. Hoje em dia, a tiragem normalmente é decidida de acordo com as vendas do livro anterior do mesmo autor. Isso necessariamente leva a um conservadorismo do mercado, tanto estético quanto político, com relação ao que é escolhido: uma nova idéia, por definição, não tem registro de vendas. Por motivos óbvios, os editores relutam em falar sobre as pressões comerciais que enfrentam. Uma rara exceção, apresentada por Janice Radway em *A feeling for books*, é Marty Asher, hoje comandante da Vintage, mas na época no Book-of-the-Month Club. Em uma entrevista concedida em 1990, Asher disse:

> *Quando você é comprado por uma grande empresa, ela está interessada no lucro líquido. [...] Algumas delas são impiedosas, do tipo "se não dá dinheiro, não queremos". Claro que, se você aplicar essa lógica, irá eliminar metade dos livros de maior sucesso já publicados, porque isso toma algum tempo, e ninguém quer esperar. [...] Na editora de onde eu vim, se você não conseguisse vender 50 mil exemplares, eles não queriam aborrecer-se. Simplesmente não valia a pena. No grande mercado, você hoje está falando de 100 mil exemplares.*

Com o tempo, o sistema se tornou ainda mais "científico". Assim como era pedida ao editor uma avaliação de custo-benefício sobre cada livro antes de contratá-lo, atualmente é feita uma avaliação custo-benefício semelhante dos próprios editores, isto é, estima-se, para cada editor, certo volume de rendimentos que ele é capaz de gerar por ano. São mantidos controles rígidos sobre as escolhas editoriais. As grandes empresas impõem cotas de vendas, de modo que mesmo a Oxford University Press exige que um editor jovem contrate por ano um número de livros suficiente para produzir 1 milhão de dólares – obviamente desencorajando a compra de títulos menores e mais difíceis. Jovens editores com freqüência contabilizam exatamente qual foi o retorno de seu investimento até a última casa decimal. Esses números determinam seus salários e seu *status*. Hoje é extremamente difícil publicar livros pequenos: os editores consideram que suas próprias carreiras serão prejudicadas se eles forem identificados com tais títulos. Quanto mais um editor gasta, mais promissor ele é. Especialmente os jovens perceberam que a forma de deixar sua marca é dar aos autores o maior adiantamento possível, o mais cedo possível em suas próprias carreiras. Muitos se terão transferido para outras editoras quando o livro que compraram for publicado e não conseguir recuperar o adiantamento.

Apanhados em meio a essa estrutura financeira, os editores estão perceptivelmente – e compreensivelmente – menos dispostos a fazer uma aposta em um livro desafiador ou em um novo autor. E o sistema foi internalizado. Tanto donos de editoras quanto editores explicam hoje que "já não têm como" fazer certo tipo de livros. Os agentes literários se queixam amargamente dessas mudanças. O número de outono de 1999 de um boletim da Association of Author's Representatives cita um de seus membros dizendo: "Essas fusões aumentaram a obsessão com o lucro líquido. Já perdi a conta de quantos editores me dizem atualmente: 'Não estamos comprando livros menores'. Eles querem que tudo seja absolutamente garantido desde o início". Mesmo editoras de sucesso, como a Knopf, hoje rejeitam livros em áreas que sempre publicaram, explicando que "já não têm como lançá-los", embora os lucros gerados pela Knopf sejam a maior fonte de renda do grupo Random House. Eu costumava brincar com meus editores dizendo que, se fôssemos pagos proporcionalmente, boa parte de nossos salários viria dos livros que pudemos fazer quando quisemos fazê-los. Hoje esse tipo de raciocínio foi seguramente eliminado das maiores editoras dos Estados Unidos, e cada vez mais da Europa também. Uma análise de algumas das maiores editoras norte-americanas revela claramente essa transformação.

A indústria de livros populares não foi poupada dessas pressões. Quando eu estudava na Inglaterra, um livro da Penguin era vendido por aproximadamente dois xelins e seis *pence*, o equivalente a

35 centavos de dólar. Isso correspondia aos preços cobrados nos Estados Unidos por livros semelhantes, o que claramente não podia produzir lucros enormes. Após a incorporação pela Pearson, o catálogo que existia na época, tanto de ficção quanto de não-ficção, foi reimpresso em um formato maior – a brochura –, e os preços aumentaram drasticamente. A tradicional brochura norte-americana, um formato criado na década de 1950, era apenas um pouco mais cara que os livros de bolso voltados para o grande público com as quais eu trabalhava. Os preços do primeiro catálogo de brochuras lançado pela Anchor Books variavam entre 65 centavos e 1,25 dólar. Durante muitos anos, os livros da Vintage, ainda em seu formato menor, custavam em média 1,95 dólar. Aumentando ligeiramente o tamanho dos livros, a Vintage elevou seus preços para dez dólares ou mais. Eu me lembro de, na época, argumentar que isso iria reduzir muito o número de pessoas dispostas a comprar os novos livros da Vintage. Disseram: "Você talvez esteja certo, mas os dólares continuarão os mesmos". Essa frase me parece o marco da transição da velha ideologia para a nova. A idéia de que um livro devia ser barato para atingir o maior público possível estava sendo substituída por decisões contábeis, preocupadas apenas com o total recebido. Não era apenas uma questão de ganhar dinheiro ou evitar perdas – o catálogo da Vintage, composto pelos melhores títulos dos catálogos de Random House, Knopf e Pantheon, já garantia um substancial lucro anual. A regra passara a ser que o lucro *por livro vendido* tinha de ser o maior possível.

As mudanças ocorridas nos Estados Unidos foram reproduzidas na Grã-Bretanha. As menores editoras britânicas desapareceram nas mãos dos conglomerados controlados por Murdoch, Pearson e Random House. Newhouse demonstrou sua irresponsabilidade habitual ao penetrar no mundo editorial britânico. Um importante trio de editoras independentes – Jonathan Cape, Chatto & Windus e The Bodley Head – se agrupou para dividir distribuição e outros custos, mas ainda assim estava enfrentando dificuldades. Sabia-se muito bem nos círculos editoriais londrinos que as empresas estavam à venda, e podiam ser compradas por uma ninharia. Um dono de editora me disse que tinha recusado uma oferta de ficar com as editoras em troca de assumir suas dívidas. Newhouse, porém, identificando uma entrada prestigiosa no mercado britânico, ofereceu mais de 10 milhões de libras aos proprietários perplexos, que pegaram o dinheiro e abandonaram o campo. Assim nasceu a colônia Newhouse na Grã-Bretanha. Empresas antes famosas, incluindo a Heinemann e a Secker & Warburg, foram posteriormente acrescentadas ao rebanho. Como resultado dessas fusões, Londres ficou com tão poucas editoras independentes quanto Nova York. Estima-se que na década de 1950 Londres tinha cerca de duzentas editoras significativas. Hoje há menos de trinta. No início dos anos 2000, alguns dos poucos teimosos remanescentes, incluindo o grupo Hodder-Headline, foram comprados – neste caso pela distribuidora de jornais e revistas W. H. Smith, deixando para trás apenas um punhado de independentes como Faber & Faber, Granta e Fourth Estate, bem como um diminuto número de pequenas editoras novas, que, seguindo o modelo norte-americano, foram criadas por editores que fugiam do naufrágio dos grandes grupos.

Enquanto isso, a Penguin, sob o controle de Pearson, passou a comprar um grande número de editoras de livros de capa dura até então independentes, adquirindo Michael Joseph, Hamish Hamilton, Ladybird e a editora dos livros infantis de Beatrix Potter. A Penguin, porém, merece o crédito por ter conseguido descobrir mecanismos estruturais de manter sua produção de não-ficção séria. Em sua mais recente reconfiguração, a empresa foi dividida em duas, uma comercial e a outra, rebatizada de Penguin Press, dedicada a obras sérias de ciências e ciências humanas. Cada metade da empresa recebe uma parcela dos lucros do gigantesco catálogo da Penguin, de modo que a Penguin Press pode utilizar a renda da Penguin Classics para ajudar a custear livros como a biografia em vários volumes de Lloyd George. Se a Pantheon tivesse sido autorizada a utilizar os lucros da Vintage da mesma forma, sua renda teria sido garantida para sempre. A experiência da Penguin é única no mercado editorial britânico e mostra que uma administração determinada a manter padrões altos pode fazê-lo, se quiser.

Mas, no conjunto, durante os anos Thatcher, os meios de comunicação britânicos mudaram para pior. A ênfase de Thatcher em dinheiro e valores de mercado ecoou no próprio mercado de livros. Os novos chefes que assumiram os maiores grupos, como a Reed Elsevier e a HarperCollins, rápida e violentamente expressaram seu desprezo pelos valores refinados de seus predecessores. Como Vitale na Random, eles quiseram deixar claro desde cedo que não se importavam com os antigos padrões intelectuais e culturais. Estavam lá para ganhar dinheiro e apenas para isso. A produção das grandes empresas mudou da mesma forma. Embora alguns editores obstinados tenham resistido, a maioria de meus antigos parceiros ficou pelo caminho. Em minhas visitas anuais a Londres, comecei a achar que estava tomando parte de uma versão geriátrica de *O caso dos dez negrinhos*, de Agatha Christie. Todas as pessoas mais ou menos da minha idade tinham desaparecido, demitidas ou compelidas a uma aposentadoria precoce. Em pouco tempo, era difícil encontrar no mercado alguém com mais de 50 anos de idade. Essa mudança foi basicamente fruto de considerações financeiras limitadas: pessoas mais jovens trabalhariam por menos dinheiro que seus predecessores mais velhos. Mas o resultado desse processo foi apagar a memória das empresas: aqueles que se lembravam do modo com que as coisas costumavam ser foram eliminados e substituídos por um grupo que automaticamente julgava as novas regras como normais e até mesmo corretas.

Tudo isso afetou não apenas editores e leitores, mas também outros no mundo editorial, particularmente o pessoal de vendas. As reuniões semestrais de vendas das editoras norte-americanas, que na década de 1960 pareciam prolongadas festas universitárias, hoje são cada vez mais tensas e desagradáveis. Em meus últimos anos na Pantheon, eu vi representantes de vendas que conhecia havia anos bebendo muito durante esses encontros. Quando eu falava com eles, percebia a pressão que estavam sofrendo e o modo com que eles estavam sendo obrigados a modificar seu relacionamento com os livreiros. O trabalho deles costumava ser tanto representar os livreiros junto a nós quanto levar às lojas a visão que tínhamos dos livros. O sistema tinha um toque curiosamente cavalheiresco. Os representantes evitavam colocar livros demais nas lojas, e não queriam alimentar artificialmente as contas. Mas com o aumento da pressão sobre donos de editoras e editores para dar adiantamentos cada vez maiores, as tiragens aumentaram concomitantemente. Livros impressos não podem permanecer em um galpão – eles precisam ser empurrados para as livrarias. Os livreiros se viram abarrotados com enormes quantidades de pretensos *best-sellers*, livros que não conseguiam atingir seu potencial e eram devolvidos com rapidez crescente. Calvin Trillin certa vez descreveu a vida útil de um livro numa prateleira como algo entre a validade do leite e a do iogurte, e nós brincamos dizendo que uma data de validade deveria ser impressa nas capas de todos os livros. Hoje as livrarias fazem isso por nós, devolvendo os livros cada vez mais cedo.

※

A DECISÃO DE NEWHOUSE de vender o grupo Random House em 1998 para a enorme empresa alemã Bertelsmann chocou o mercado editorial. A Random ainda era a principal editora dos Estados Unidos, apesar de sua reputação ter sido maculada. William Styron, um dos mais importantes autores literários da Random, foi citado no *Washington Post* dizendo que a Random se tornara tão gigantesca e inchada que já não importava a quem pertencia. Mas, apesar de tais observações, o fim da Random foi como um raio cortando o céu carregado do mercado editorial norte-americano. Após oito anos com Vitale à frente da administração, Newhouse decidiu que a empresa nunca alcançaria a lucratividade que tinha sido prometida a ele.

Não havia nenhum indício de que Newhouse estava cansado de

seu papel como dono de editora, nenhuma pista de que a Random House estava perdendo dinheiro. Os números revelados surpreenderam até mesmo aqueles que tinham acompanhado de perto a sorte da Random House. Foi revelado que em 1997 a empresa desperdiçou 80 milhões de dólares em adiantamentos não recuperados. Ou seja, a política de arriscar cada vez mais dinheiro tinha se revelado um retumbante fracasso. Afora o desperdício, a própria editora declarou um lucro de apenas 0,1%, um número tão baixo que muitos inicialmente pensaram que o *New York Times* tinha cometido um erro tipográfico ao publicá-lo. Esse índice era muito menor que qualquer outro que a Random House havia registrado nos anos anteriores à sua compra por Newhouse. As promessas de Vitale de um aumento espetacular nos lucros tinham claramente se mostrado impraticáveis. E embora o próprio Newhouse tivesse demonstrado grande interesse em seu conglomerado editorial, um de seus amigos foi citado pelo *New York Observer* dizendo: "Ele não ganhou os bilhões de dólares que possui sendo condescendente com seus próprios interesses intelectuais". As perdas da Random House claramente eram demais para ele.

    O preço de venda também surpreendeu. Embora o valor da Random House tivesse subido dos 60 milhões de dólares que Newhouse pagara para cerca de 800 milhões de dólares no final da década sob o comando de Bob Bernstein, seu crescimento diminuíra acentuadamente durante os anos Vitale. A Random House foi vendida por pouco mais de 1 bilhão de dólares. Essa diferença sugeria que, nos oito anos anteriores de administração obcecada pelo lucro, o valor da empresa tivera um crescimento mínimo. Newhouse e Vitale tinham conseguido a impressionante proeza de diminuir o valor intelectual da empresa, sujar sua reputação e perder dinheiro, tudo ao mesmo tempo.

    Algo semelhante aconteceu com a revista *New Yorker*. Tina Brown deixou o cargo de editora após muitos anos tentando aumentar sua circulação. A revista costumava ganhar dinheiro, mas Newhouse queria dobrar sua circulação, esperando aumentar ainda mais os lucros – em vez disso, porém, a colocou no vermelho. É uma coisa relativamente simples aumentar a circulação de uma revista cobrando muito pouco de novos assinantes e anunciando muito. Anúncios da *New Yorker* apareceram na televisão pela primeira vez, mas o custo de aumentar a circulação para quase 1 milhão foi enorme. Estimativas independentes do prejuízo de Newhouse na primeira década após a compra chegam a 175 milhões de dólares, valor ainda maior do que o registrado na Random House.[25]

Aproximadamente na mesma época, a HarperCollins de Murdoch anunciou que gastara 270 milhões de dólares em adiantamentos não recuperados. Memorandos internos aparentemente ignorados na Harper's determinaram o retorno a uma postura editorial mais tradicional, sugerindo que os esforços se concentrassem em tentar reconstruir o catálogo, e que a enorme especulação com possíveis *bestsellers* parasse. Como parte da tentativa de aumentar os lucros, a HarperCollins interrompeu e depois vendeu seu importante selo Basic Books, conhecido principalmente pelos títulos de psicanálise e ciências sociais. Como era o caso da Pantheon, a Basic Books nunca tinha perdido dinheiro, mas seus lançamentos eram voltados para um público especializado, não para o grande público. Conseqüentemente, os livros nunca iriam vender em volume suficientemente grande para atingir as expectativas de lucro e contribuir para o faturamento da Harper's. Após dois anos, durante os quais os editores da empresa tentaram desesperadamente encontrar livros mais populares, o machado finalmente baixou.

Uma decisão semelhante foi tomada na Simon & Schuster, que tinha incorporado a Free Press, a editora norte-americana mais firmemente reacionária. Durante os anos Reagan, a Free Press tinha feito uma fortuna lançando livros que estavam em perfeita sintonia com o *Zeitgeist* político. Posteriormente, porém, a empresa perdeu um volume substancial de dinheiro em suas apostas. Uma biografia de Hillary Clinton se mostrou insuficientemente hostil para o público-alvo conservador. Determinado a fazer com que tal equívoco não fosse cometido novamente, a Simon & Schuster estripou a Free Press, mantendo o nome, mas transformando-a basicamente em uma editora de livros de negócios. Mesmo os revolucionários de direita descobriram que as revoluções devoram seus filhos, qualquer que seja sua coloração política. Com essas mudanças, todos os grandes conglomerados se livraram de suas divisões mais intelectualizadas, semelhantes a Pantheon.

Pode-se pensar que perdas tão grandes dos dois líderes em reformulações empresariais teriam feito os outros parar e reavaliar suas posições. Mas assim que a Bertelsmann assumiu a Random House, divulgou um *release* dizendo que esperava que a empresa tivesse 15% de lucro nos próximos anos. Isso significava uma mudança nos lucros de 1 milhão de dólares para 150 milhões de dólares (sobre vendas anuais de aproximadamente 1 bilhão de dólares). Ao mesmo tempo, os comunicados empresariais da Bertelsmann deixaram claro que suas propriedades norte-americanas, que na época incluíam a Random, a Bantam, a Doubleday e a Dell, também deveriam apresentar o crescimento anual de 10%, que era a política de toda a companhia; ou seja, outros 100 milhões de dólares. Como tudo isso seria conseguido não foi dito. Talvez a estatística mais reveladora publicada acerca da Bertelsmann é que 4 mil contadores trabalham em sua sede – muitas vezes mais que o número de editores em todas as suas propriedades espalhadas pelo mundo. A nova corporação resultante dessa fusão seria responsável por um em cada três livros comerciais lançados nos Estados Unidos e representaria 40% das vendas mundiais da Bertelsmann. Mas, apesar desse gigantismo, os apelos feitos por grupos de autores e outras pessoas ao procurador-geral para que investigasse possíveis infrações à lei antitruste não foram considerados. Um novo conglomerado gigantesco agora está encarregado de uma parcela muito importante do mercado editorial norte-americano. Para piorar ainda mais, a Bertelsmann adquiriu parte da estrutura de venda de livros *on-line* da Barnes & Noble.

A metamorfose do mercado editorial não está chegando ao fim.

Os conglomerados franceses regularmente anunciam novas aquisições, particularmente na França e na Grã-Bretanha. A Hachette recentemente comprou o grupo britânico Orion, ele mesmo proprietário de respeitáveis empresas mais velhas como a Weidenfeld e a Gollancz. A Orion agora estaria procurando uma empresa norte-americana para comprar, talvez a Simon & Schuster. O grupo anglo-holandês Reed Elsevier, proprietário da *Publishers Weekly*, comprou várias das mais importantes editoras britânicas, entre elas a Methuen, a Heinemann e a Secker & Warburg, e então as revendeu para a Random House em agosto de 1995, citando rentabilidade insuficiente (que mais tarde foi dito ser de 12% das vendas). Um desenvolvimento paralelo ocorreu na Suécia, onde outra empresa holandesa, a Wolfer Kluwer, comprou a Norstedts, a segunda editora mais importante do país, com um histórico ilustre que remontava a quase duzentos anos. Os lucros da Norstedts logo foram considerados insuficientes e a Kluwer decidiu ficar apenas com os setores da empresa que produziam textos jurídicos e de referência. A divisão de "interesse geral", cujos livros compunham uma parcela fundamental da cultura sueca, foi deixada de lado esperando um comprador potencial. Finalmente ela foi comprada pelo movimento cooperativo do país, que na Suécia ainda tem um grande poder no varejo e na distribuição; eles integraram a suas propriedades no setor editorial. Mas muito dano foi causado por essas mudanças, e a Norstedts perdeu muitos de seus principais autores e grande parte do seu ímpeto.

As decisões da Reed e da Kluwer de se concentrarem em livros de referência e bases de dados são uma tendência geral. As editoras cada vez mais falam em se concentrar no topo lucrativo da pirâmide da informação. Elas querem tornar disponível por intermédio dos novos meios a informação que costumava ser encontrada apenas nos livros. Quaisquer que sejam os méritos dessa tecnologia, e sem dúvida alguma ela tem grande importância, há nos Estados Unidos certo temor de que bibliotecas públicas e outras instituições abertas tenham menor acesso à informação por causa desse processo.

Todas essas fusões seguem inevitavelmente o mesmo padrão. O conglomerado faz uma declaração apaixonada louvando a importância da empresa que comprou e prometendo preservar sua tradição. Todos recebem a garantia de que não serão feitas grandes mudanças e que será demitido o menor número possível de pessoas. Mais tarde é anunciado que economias simples são fundamentais para aumentar a eficiência e que "funções administrativas secundárias" serão fundidas. Contabilidade, distribuição e estoque logo se descobrem sob o mesmo teto. Então as forças de venda são amalgamadas, já que não há necessidade de ter pessoas diferentes cobrindo o mesmo território. Após isso, é descoberta uma infeliz sobreposição na produção editorial, e percebe-se que também ali é necessária uma racionalização. Diversos editores e seus assistentes são demitidos, já que, afinal, o número total de livros lançados precisa diminuir. Gradualmente, se torna difícil dizer qual empresa está publicando quais livros. Na Random House UK, por exemplo, as mesmas pessoas são responsáveis por diversos catálogos, que antes eram lançados por editoras isoladas, distintas e independentes; hoje, essas empresas não passam de nomes afixados nas folhas de rosto dos livros novos. Enquanto isso, os livros antigos são impiedosamente triturados ou tirados de catálogo caso não vendam um número mínimo cada vez mais elevado de exemplares, freqüentemente 2 mil por ano, pelo menos. Conseqüentemente, muitos clássicos não estão mais disponíveis. Finalmente, novos selos são criados para dar conta dos vários catálogos, das reimpressões populares de livros antigos e das novas categorias editoriais que podem substituir as antigas e "ineficazes" divisões de trabalho.

Como vimos, o acelerado crescimento das corporações foi acompanhado por um súbito aumento no volume de lucro esperado pelas grandes editoras. Desde a década de 1920, o lucro médio de todas as editoras no mercado editorial norte-americano ficou em 4% líquidos. (Isso inclui empresas intensamente comerciais, exclusivamente dedicadas à produção de livros considerados rentáveis, bem como editoras mais intelectualizadas que buscavam equilibrar lucratividade com responsabilidade.

) É instrutivo ver números recentes daquelas poucas editoras que ainda não foram absorvidas. Em um fascinante estudo do mercado editorial europeu publicado em 1996, o *Le Monde* forneceu números específicos. Na França, por exemplo, a editora tradicional de maior prestígio, a Gallimard, tem um lucro anual de pouco mais de 3%, apesar de um catálogo forte e de uma significativa linha de livros infantis. A Éditions du Seuil, talvez a segunda editora mais importante entre as independentes, aparece com um lucro de pouco mais de 1%. Atualmente as duas editoras ainda são de propriedade das famílias que as criaram e de seus aliados, mas em função de disputas internas a Gallimard foi obrigada a vender alguns de seus bens para estranhos e sua independência não é dada como certa no futuro.

À medida que uma editora após outra foi sendo comprada por conglomerados, os proprietários insistiram que seu novo ramo editorial gerasse o mesmo retorno que seus jornais, redes de televisão a cabo e filmes – negócios que sempre tiveram margens de lucro mais altas. As novas metas, portanto, foram estabelecidas na faixa de 12% a 15%, três a quatro vezes mais do que as editoras tinham conseguido no passado.

Para atender a essas novas expectativas, as editoras mudaram drasticamente a natureza do que publicam. Em um artigo recente, o *New York Times* analisou o processo pelo qual as grandes companhias cinematográficas lançam livros por intermédio de suas subsidiárias no mercado editorial, de modo a lucrar com *tie-ins*. Em 1990, a Disney Corporation criou seu próprio braço editorial, a Hyperion, para explorar seus lançamentos. Essa pressão foi descrita na *Times* por Robert Gottlieb, um importante agente: "Nós não estamos lidando com a Farrar, Strauss. Lembrem-se de que este é um negócio de entretenimento altamente comercial".

As editoras dos conglomerados estão reformando suas linhas para se adequar a esse padrão. Elas também estão substituindo seu pessoal. A Pearson, por exemplo, trouxe Michael Lynton (já substituído) para ser o comandante de seu braço editorial internacional. Logo depois de sua chegada, Lynton, que antes tinha trabalhado para a Disney, anunciou que o famoso logotipo da Penguin seria utilizado para vender "produtos de entretenimento" relacionados, como música. Enquanto isso, em Nova York, a HarperCollins contratou Anthea Disney como executiva-chefe (novamente por pouco tempo). Ela antes tinha editado a *TV Guide*, uma das publicações mais lucrativas e populares de Murdoch. Em 2000, foi criada a nova divisão HarperEntertainment, com o anúncio de que em seus primeiros anos iria lançar 136 livros, todos eles ligados a filmes e programas de televisão (como o *Jerry Springer Show*), superando em muito o resto dos lançamentos da HarperCollins. Ainda assim, apesar de tais mudanças, poucas editoras são capazes de atingir as novas metas de lucros. Na verdade, algumas das grandes corporações ganham muito menos dinheiro do que ganhavam cinco anos antes, quando seguiam suas antigas políticas de diversificação.

Outro efeito do crescimento das corporações que raramente foi discutido é a questão do aumento das despesas, que também determina a crescente necessidade de maiores lucros. Os editores de livros começaram a imitar o estilo de vida dos magnatas de Hollywood. A edição costumava ser considerada, pelo menos nos países de língua inglesa, uma "profissão de cavalheiros". Esse eufemismo se refere ao pagamento de salários comparativamente baixos – os profissionais do mercado editorial durante décadas receberam aproximadamente a mesma remuneração dos acadêmicos. Hoje, os executivos do ramo elevaram seus salários à casa dos milhões. Uma recente pesquisa da *Publishers Weekly* mostrou que o presidente da McGraw-Hill recebe 2 milhões de dólares por ano, mais do que os CEOs de Exxon ou Phillip Morris. Em 1998, a divisão editorial da Viacom – que foi parcialmente vendida naquele ano por não ser lucrativa – pagou a seu presidente 3,25 milhões de dólares. É o caso de pensar até que ponto a falta de lucros da Viacom não se deveu aos salários irreais exigidos por seus executivos às custas dos livros e de seus autores. Outros CEOs pagavam a si mesmos mais de 1 milhão de dólares, inclusive alguns cujas empresas estavam tendo um desempenho ruim. Richard Snyder, que saiu da Simon & Schuster para comprar uma editora que ainda não apresentou lucro, pagava a si mesmo cerca de 1,4 milhão de dólares por ano.

As despesas também aumentaram de outros modos. Os escritórios dos editores ficaram cada vez mais caros e começaram a se parecer com as instalações de bancos. As reuniões comerciais da Random House, freqüentemente realizadas em *resorts* de luxo, situados em lugares como Bermudas e Orange County, custavam 1 milhão de dólares cada na época em que eu deixei a empresa – e elas aconteciam duas vezes por ano. Editores e donos de editoras passaram a desejar os confortos da vida empresarial, restaurantes caros, limusines esperando por eles na porta e outros símbolos de *status*. Mais que buscar a recompensa em livros dos quais possam orgulhar-se, eles vêem tais lucros como o reconhecimento adequado. O aumento crescente das despesas que resulta disso se transforma em um imposto, um imposto cada vez mais alto para cada editora. Como esses custos são calculados pela contabilidade central, e não pelas editoras isoladamente, elas são submetidas aos caprichos das prioridades empresariais e, portanto, podem ser abusivas, como foram nos nossos últimos anos na Pantheon.

※

As MUDANÇAS QUE ACONTECERAM no mercado editorial também se refletem cada vez mais no setor livreiro. Um dos primeiros títulos que eu encomendei na Pantheon foi uma pesquisa sobre práticas monopolistas nos Estados Unidos. *In a few hands* foi apresentado publicamente como sendo obra do falecido senador populista do Tennessee Estes Kefauver. Na verdade, foi escrito por sua competente equipe, que ao longo dos anos realizou uma série de audiências exemplares sobre a forma como os monopólios estavam crescendo na economia norte-americana. Além de capítulos sobre a indústria siderúrgica e farmacêutica, o livro incluía uma pesquisa pública sobre padarias. C. Wright Mills mostrou como marcas nacionais como a Tip Tope e a Wonder substituíram as pequenas padarias que costumava haver em toda cidade. Os grandes estabelecimentos industriais inicialmente ofereciam pão por preços bem inferiores aos das padarias locais. Oferecendo descontos, eles também encorajavam mercados locais a dar mais espaço nas prateleiras para seu pão. A diferença de preços no começo foi suficientemente atraente para levar os pequenos produtores à falência. Tendo eliminado a competição, as empresas aumentaram seus preços em uma seqüência monopolista previsível, e os norte-americanos ficaram com um pão embalado em plástico e com gosto de plástico que era mais caro que as fornadas locais que ele tinha substituído. Só muitas décadas depois padarias especializadas começaram a surgir novamente nas grandes cidades, vendendo fornadas excelentes mas muito caras, acessíveis apenas ao pequeno número de pessoas que podia pagar por elas.

AS VINTE MAIORES CIDADES EM VENDA DE LIVROS EM 1945 E O NÚMERO DE LIVRARIAS INDEPENDENTES EM CADA.[26]

CIDADE	LIVRARIAS
Nova York	333
Chicago	88
Los Angeles	66
São Francisco	59
Filadélfia	54
Boston	46
Washington	44
Baltimore	32
Seattle	26

Cincinnati	24
Detroit	23
St. Louis	23
Buffalo	20
Dallas	20
Mineápolis	19
Columbus	16
Indianápolis	11
St. Paul	11
TOTAL	915

O destino do pequeno padeiro norte-americano permaneceu na minha cabeça enquanto eu acompanhava o progressivo desaparecimento das livrarias independentes nas principais ruas dos Estados Unidos. As livrarias independentes não podem ser romantizadas. Muitas eram pequenas, tinham pouca oferta e estavam tão interessadas em vender cartões de Natal e material de papelaria quanto em vender livros. Mas elas eram muitas, e eram parte fundamental da vida norte-americana. A pesquisa de 1945, apresentada acima, mostra a relação de livrarias que eram consideradas merecedoras de uma visita do representante de vendas de uma editora. Nova York tinha 333 livrarias, Chicago tinha 88 e Los Angeles, 66. Hoje Nova York tem 76 livrarias, incluindo muitas que estão dentro de museus, bibliotecas e outras instituições.

As livrarias independentes costumavam oferecer uma alternativa ao produto padronizado dos meios de comunicação de massa. A transformação dos livreiros norte-americanos começou após a chegada das redes. Bennett Cerf, em suas memórias, ditadas em 1967, descreveu os problemas que já estavam sendo criados pelas novas lojas que ofereciam descontos. Significativamente, todas as três lojas que ele menciona desapareceram desde então:

As lojas que oferecem descontos, como não mantêm um estoque completo, mas só os best-sellers, prejudicaram o pequeno livreiro. Em Nova York, por exemplo, há uma loja destas exatamente em frente à Brentano's, na Fifith Avenue, e pouco depois da Scribner's, e assim a Scribner's e a Brentano's não vendem tantos exemplares dos maiores best-sellers quanto antes, porque as pessoas vão à Korvette's. [...][27]

Bennett continua, explicando como se tinha tornado difícil colocar livros mais complexos nas livrarias independentes, que estavam sofrendo com a competição das lojas que ofereciam descontos. Um dos principais pontos-de-venda de livros nas décadas anteriores eram as grandes lojas de departamentos. Bennett considera que a Macy's foi a mais importante distribuidora da Modern Library, quando a Random a tirou da Boni and Liveright. Mas as lojas de departamentos não davam descontos, assim como os milhares de pontos-de-venda de livros populares. Mesmo os clubes do livro vendiam suas ofertas aproximadamente pelo preço das livrarias.

Foi a decisão de dar descontos nos livros – particularmente nos *best-sellers* – que transformou as redes no fenômeno que são hoje. Em muitas cidades, as redes foram as primeiras a montar grandes livrarias, e não há dúvida que essas lojas hoje oferecem aos norte-americanos maior oferta do que ofereciam antes. Por outro lado, sua progressiva expansão foi prejudicial às livrarias independentes remanescentes. Em uma declaração dada ao *Financial Times* na época da Feira do Livro de Frankfurt de 2000, o Ministro da Cultura alemão (e ex-editor) Michael Naumann previu que, se fosse permitido o desconto sobre livros na Europa, 80% das 4 mil livrarias da Alemanha iriam falir.

Nos últimos anos as redes cresceram de forma dramática nos Estados Unidos e hoje vendem 50% de todos os livros colocados no varejo. As livrarias independentes foram reduzidas a 17%, e esse índice diminui a cada ano. Clubes de vendas e outras organizações que oferecem descontos desempenham um papel cada vez mais importante, assim como empresas de vendas pela internet como a Amazon. Esses fatores levaram a uma redução dramática no número de livrarias independentes, de 5,4 mil lojas no final dos anos 1990 para 3,2 mil hoje.

As grandes redes concentram seus enormes recursos nos *best-sellers*, em detrimento de outros títulos, estratégia comercial que, por sua vez, afeta as decisões empresariais das editoras. Ademais, como controlam uma parcela tão importante do mercado de livros, as redes hoje são capazes de exigir praticamente quaisquer condições que desejarem das grandes editoras, forçadas a pagar parte das altas despesas em publicidade se desejarem que seus livros tenham destaque nas lojas, um serviço que os livreiros tradicionais costumavam prestar sem qualquer custo. Recentemente, as livrarias tradicionais venceram uma disputa judicial contra as grandes editoras por causa do modo como elas ajudavam as redes. Essas políticas tiveram um efeito negativo nas pequenas editoras, que têm dificuldade de arcar com o custo extra de promoção.

Para agravar as coisas ainda mais, as redes inauguraram agressivamente novas lojas junto às livrarias independentes mais bemsucedidas, algumas vezes exatamente do outro lado da rua (como Bennett observou). Assim, a cada dia, mais livrarias independentes estão saindo do negócio; no centro de Nova York restam apenas algumas – três delas fecharam as portas durante os meses que eu passei escrevendo este livro.

Tal redução dos pontos-de-venda está entre as dificuldades enfrentadas pelas pequenas editoras. As livrarias independentes – com as quais era possível contar para expor um novo romance ou um livro de poemas caso a equipe gostasse dele – estão sendo substituídas pelas lojas das grandes redes, que utilizam as mais modernas técnicas de *marketing*. As redes chegaram ao ponto de exigir que as editoras limitassem as turnês de lançamento de seus autores apenas às suas lojas. Alguns autores, como Stephen King, se recusaram a aceitar tais restrições. (King insistiu em visitar apenas livreiros independentes em sua última turnê.) Mas, por mais importantes que sejam gestos como esse, a tendência monopolista das grandes lojas não pode ser subestimada.

Os gerentes das redes freqüentemente vêm de outras áreas do varejo e não têm nenhum interesse particular nos livros em si – apenas no volume de dólares que pode ser conseguido por metro quadrado de espaço. As práticas de devolução das redes também produziram uma série de problemas. Eu certa vez participei de um almoço da American Booksellers Association, a associação dos livreiros norte-americanos, com a principal compradora de ficção popular de uma dessas redes, que definitivamente não era uma defensora da alta cultura. Ainda assim, ela estava profundamente infeliz. As regras de sua empresa determinavam que, se um livro não vendesse um determinado número de exemplares por dia durante a primeira semana de exposição, deveria ser transferido para o fundo da loja e depois devolvido. Não importava se as resenhas estavam demorando ou se a prometida participação no programa *Today Show* tinha sido adiada. A velha piada de Alfred Knopf de que os livros "saem hoje e voltam amanhã" se mostrava uma regra à medida que o percentual de livros devolvidos aumentava paulatinamente de cerca de 20% na década de 1960 para mais de 40% hoje em dia.

A mesma tendência afetou os clubes do livro, que, antes do advento das redes, eram um grande canal de distribuição de livros para o interior dos Estados Unidos. No seu auge, o Book-of-the-Month Club vendia 11 milhões de livros por ano; quase 1 milhão de exemplares em cada escolha principal. O Literary Guild não ficava muito atrás, e havia dezenas de outros clubes menores. (Hoje os clubes vendem um número muito menor de exemplares e a compra de uma escolha alternativa por um grande clube pode ser inferior a 5 mil exemplares.) Os clubes tinham duas funções paralelas. Primeiramente, eles tornavam os livros disponíveis para um público que não tinha acesso a livrarias. Igualmente importante, eles escolhiam títulos adequados a seu público, em vez de simplesmente escolher o livro que poderia ter o maior número de exemplares vendidos. Para escolher seus títulos, o Book-of-the-Month Club utilizava vários pareceristas independentes, incluindo alguns dos melhores críticos e autores da época. Embora na maioria das vezes os clubes oferecessem uma escolha popular, eles ocasionalmente faziam uma escolha imprevisível, confirmando sua independência e seu gosto particular. Com o passar do tempo, a influência dos pareceristas diminuiu. A equipe do Book-of-the-Month Club passou a definir cada vez mais as escolhas alternativas e a tomar cruciais decisões de *marketing*. Quando a Time Warner assumiu a empresa, os pareceristas foram definitivamente afastados. *A feeling for books*, um fascinante estudo da antropóloga acadêmica Janice Radway, inclui os relatos de um observador ativo do clube durante o importante período imediatamente posterior à compra pela Time Warner. A autora descreve em detalhes tocantes os medos e as incertezas da equipe à medida que viam os novos donos impiedosamente aumentarem a lucratividade do clube e reduzirem sua capacidade de escolher livros por qualquer outro critério que não o de retorno máximo.

No final da década de 1980, Bill Zinsser, falando por ocasião do sexagésimo aniversário do Book-of-the-Month Club, descreveu assim o antigo funcionamento do clube:

Se alguém na sala achava sinceramente que deveríamos escolher um livro, esse livro era escolhido, mesmo que ele provavelmente fosse dar prejuízo. Freqüentemente as razões tinham espírito público. É um livro importante sobre um tema importante como armas nucleares ou lixo tóxico, ou são as memórias de um ex-secretário de Estado. "Nós somos de um clube do livro tradicional", alguém invariavelmente lembrava, e sob essa rubrica louvável, outro volume valioso era incorporado ao catálogo que iria dar ao clube sua recompensa no céu, não necessariamente no lucro líquido.

Hoje, o Book-of-the-Month Club se transformou em nada mais que uma central de operação de encomenda e entrega. Quando eu estava escrevendo os últimos trechos deste livro, a Bertelsmann anunciou que tinham sido iniciadas negociações de fusão entre o Literary Guild e o Book-of-the-Month Club. A pouca competição que tinha existido entre os clubes de livro estava prestes a acabar.

CINCO

Autocensura e as alternativas

EU RECENTEMENTE PARTICIPEI de um encontro do Freedom to Read Committee, da Association of American Publishers (AAP), o grupo oficial contra a censura no mercado editorial ao qual eu pertenci diversas vezes ao longo dos anos. Nessa reunião específica, um grande número de pessoas ligadas à luta contra a censura estava reunido. O encontro aconteceu com vista para o Central Park, na sala de reuniões extraordinariamente luxuosa de um dos principais escritórios de direito de Nova York, uma firma que representa a AAP em questões de censura. Nós nos sentamos a uma grande mesa de reunião em um conjunto de cadeiras que certamente tinha custado mais que os salários anuais que a maioria de nós pagava a seus assistentes. O significado de tal exuberância não passou despercebido dos presentes.

Mas os advogados estavam falando conosco para nosso próprio bem. Eles expressavam sua preocupação diante da mudança que parecia haver na opinião do público em relação às editoras. Eles temiam que uma profissão antes valorosa tivesse sido engolida por enormes e ricos conglomerados. Previsivelmente, quando era feita uma acusação ou apresentada alguma ação contra uma editora, os júris já não eram tão simpáticos quanto costumavam ser, e os julgamentos envolvendo editoras tinham aumentado de número. Os advogados explicaram que, se pudessem dizer aos jurados que nós éramos os grandes bastiões de defesa da Primeira Emenda, ansiosos por publicar livros que expressavam idéias importantes, a visão que eles tinham de nós poderia mudar perceptivelmente. Olhando para os cerca de quarenta de nós que representavam a maioria das grandes editoras de Nova York, os advogados perguntaram: "Podemos garantir aos jurados que, se no futuro surgir um livro importante, vocês irão publicá-lo?". Nenhuma mão foi erguida. Ninguém pareceu dar-se conta da ironia de que a própria comissão contra a censura no mercado editorial era parte da nova censura do mercado. Evidentemente surpresos, os advogados continuaram a fazer perguntas. Certamente, argumentaram eles, as editoras eventualmente devem lançar um livro *pro bono*, como os advogados algumas vezes fazem ao representar clientes sem recursos. "Apenas inadvertidamente", respondeu o presidente do grupo, provocando uma onda de risadas de alívio e dando um fim ao constrangedor debate.

Eu certamente não tentarei dizer que no passado as editoras estavam livres de tentativas de censura. Olhando a história, não faltam exemplos chocantes de editores dispostos a influenciar o que os autores tinham a dizer ou a recusar definitivamente seus livros. Eugene Saxton, editor-chefe da Harper's, se recusou a publicar o clássico 1919, de John Dos Passos, se o autor não eliminasse suas críticas a J. P. Morgan, grande financiador da editora. Em 1935, quando o popular crítico Alexander Wolcott criticou Hitler em um programa da CBS patrocinado pela Cream-of-Wheat chamado *A Town Crier*, o fabricante do cereal se opôs às suas declarações e cancelou a atração quando Wolcott se recusou a retratar-se. Embora Wolcott argumentasse que "qualquer um com a coragem de um rato doente" teria feito o que ele fez, não há dúvida de que as pessoas que disseminam idéias sofrem muitas pressões daquelas que estão no poder.

A censura costumava vir de chefes de empresas que eram intolerantes com opiniões divergentes. Hoje, embora os próprios proprietários ainda estejam muito preocupados em impor suas visões particulares, no geral os interesses empresariais se tornaram muito mais importantes no controle da circulação de idéias. A história da Harper's é um bom exemplo disso. Às vésperas da Segunda Guerra Mundial, a empresa, que tinha publicado os primeiros trabalhos de Leon Trotski, recebeu os originais respingados de sangue com seu último ataque a Stalin. Os originais estavam na mesa de Trotski quando ele foi assassinado por Ramon Sander. Os seguidores de Trotski enviaram rapidamente o material para Nova York, supondo que seria publicado imediatamente.

O editor-chefe da Harper's na época, Cass Canfield, se deu conta de que os Estados Unidos logo estariam em guerra contra a Alemanha e que com o tempo iriam precisar de total apoio de Stalin. Embora ele mesmo não estivesse sob qualquer pressão do governo, procurou um amigo no Departamento de Estado e discutiu a questão. Ambos concordaram que não seria sábio publicar o livro imediatamente, sendo melhor esperar um momento mais propício. Assim, os exemplares dos livros de Trotski que já tinham sido impressos ficaram acumulando poeira no depósito da Harper's até o final da guerra. Nunca saberemos se a crítica de Trotski teria afetado o pensamento norte-americano e criado uma visão mais bem informada da política soviética durante aqueles anos cruciais. Mas a decisão de não publicar e o modo como isso foi feito simbolizam perfeitamente a atitude elitista "responsável" que na época moldava o mercado editorial anglo-americano. Parecia ser a coisa certa para um cidadão fazer, mesmo a um preço considerável para sua empresa, e isso foi feito sem outras consultas. É possível chamar isso de censura idealista ou patriótica. Certamente ela não foi motivada pela busca de lucro.

Em 1995, a Basic Books, prestigiosa editora de ciências sociais que na época pertencia a HarperCollins, lançou uma biografia de Deng Xiaoping escrita por sua filha.[28] O livro em si mostrou não ter qualquer mérito, nem mesmo como um documento da "hagiografia" chinesa, mas a Basic o lançou com uma grande campanha publicitária que teria custado pelo menos 100 mil dólares. A autora foi trazida da China e apresentada à imprensa e ao público. Na época, Murdoch estava ansioso para conseguir do governo chinês autorização para que sua rede de TV a cabo Sky operasse na China. Ele já tinha concordado em censurar a rede, de modo que a BBC News, que já estivera disponível para os chineses, fosse bloqueada. Aparentemente era preciso usar mais persuasão.

Para Murdoch, utilizar uma editora para atingir outros objetivos é simplesmente parte do negócio. Ele seguiu exatamente esse padrão utilizando seus jornais na Grã-Bretanha e nos Estados Unidos para conseguir favores políticos de diferentes governos. Em troca de livrá-lo das leis britânicas contra o monopólio e de permitir que ele comprasse diversos jornais de Londres, Thatcher recebeu a promessa de seu apoio editorial. Nos Estados Unidos, como parte de uma campanha para conseguir licenças para uma empresa aérea que ele estava criando, Murdoch prometeu a Jimmy Carter, então presidente, o apoio do New York Post (que de qualquer forma era tradicionalmente um jornal ligado ao Partido Democrata). Anos mais tarde, em 1994, houve uma grande cobertura da imprensa da decisão da HarperCollins de pagar a Newt Gingrich um adiantamento de 4,5 milhões de dólares no momento em que o líder da Câmara dos Deputados tinha seu maior poder legislativo (que incluía grande influência na concessão de licenças para televisão).[29] Recebeu menos atenção o fato de que o livro recuperou no máximo 1/3 desse adiantamento.

Outro caso que despertou grande interesse, dessa vez na Grã-Bretanha, foi a decisão de Murdoch de não publicar um livro, contratado pela HarperCollins, do ex-governador de Hong Kong, Chris Patten. Patten tinha sido um adversário conservador particularmente enfático do governo chinês, e sabia-se que suas memórias seriam altamente críticas a ele. No último instante, Murdoch anunciou que o livro não seria lançado. O editor do livro, Stuart Proffitt, o protótipo do intelectual conservador esclarecido, pediu demissão e a imprensa britânica criticou Murdoch por sua decisão. Mesmo o *Daily Telegraph*, de direita, que não era exatamente um modelo de opinião divergente, mas era de propriedade de um magnata da mídia rival, se pronunciou eloqüentemente em defesa de Proffitt e Patten. O livro foi transferido para uma outra editora e Proffitt terminou em outro excelente emprego no mercado editorial; neste caso, a história teve um final feliz.

Geralmente, pode-se dizer que, sempre que um conglomerado tem uma grande variedade de propriedades, há um risco muito real de que suas empresas de comunicações não publiquem notícias que possam reduzir a lucratividade de outros setores da firma. Na França, por exemplo, o grupo Hachette pertence há muito tempo a uma grande corporação que também é proprietária de boa parte da indústria bélica francesa. Pelo que sei, nenhuma grande crítica ao comércio de armas foi publicada pela Hachette, e provavelmente não será.

Quando, durante um breve tempo, a Putnam pertenceu a uma grande empresa de eletrônicos japonesa, seu presidente foi aos Estados Unidos em uma viagem inaugural. Ele não tinha sido informado sobre como a imprensa norte-americana funcionava, portanto respondeu com inesperada franqueza quando um dos repórteres perguntou se a Putnam iria publicar material que criticasse o comportamento do Japão durante a guerra. Evidentemente surpreso com o que parecia uma pergunta tola, ele respondeu: "Claro que não". Como livros críticos ao comportamento japonês durante a guerra enfrentaram grandes dificuldades para serem publicados no próprio Japão, por que subsidiárias no exterior deveriam ser autorizadas a lançá-los? Quanto maiores os bens dos conglomerados, mais provável que as formas de censura interna dessas empresas aumentem.

Apenas duas vezes durante meus longos anos na Pantheon nós fomos pressionados a não publicar um livro por razões políticas. Um era um livro sobre as relações árabe-israelenses escrito por um estudioso francês do islamismo, Maxim Rodinson. Rodinson era um acadêmico altamente respeitado, mas seus pontos de vista conflitavam com alguns dos mais militantes defensores de Israel, incluindo George Weidenfeld, o editor britânico. Sem que eu soubesse, Weidenfeld protestou contra a publicação do livro junto a Bob Bernstein, que, para seu crédito, me passou diretamente a carta de Weidenfeld. Não foram colocados outros obstáculos no caminho do livro, e *Israel and the arabs* foi lançado em 1969.

O outro caso foi mais grave. A Pantheon tinha comprado um livro de um jovem exilado chileno chamado Ariel Dorfman, na época pouco conhecido nos Estados Unidos. Dorfman tinha publicado uma crítica ilustrada à Disney muito inteligente, proibida de circular nos Estados Unidos pelos atentos advogados que cuidam dos direitos autorais da empresa. O livro que nós queríamos publicar, *The empire's new clothes*, era igualmente voltado para os quadrinhos da Disney. Como o texto não era ilustrado, não havia motivo para um processo, mas a crítica à Disney deixou o departamento juvenil da Random House muito nervoso, pois a editora publicava muita coisa da Disney na época. O chefe do departamento protestou vigorosamente junto a Bob Bernstein, dizendo que nosso livro seria danoso ao seu relacionamento com a Disney. Eu e o editor do livro, Tom Engelhardt, sentimos que era um caso de princípios básicos, e decidimos que pediríamos demissão se o livro fosse barrado – mas não dissemos isso a Bob. Eu me lembro de sentar com Tom na ante-sala de Bob, tenso, pensando no que iria acontecer e pronto para anunciar nossa saída se fosse necessário. No final, nós tínhamos superestimado o perigo, já que Bob não tinha a intenção de se curvar a tal pressão; nem Ariel nem Bob ficaram sabendo de nossa intenção, e eu suspeito que Bob teria rido de nós se tivesse ouvido. Ele iria se transformar no maior defensor da Primeira Emenda, sempre a favor dos textos dissidentes, particularmente na União Soviética. Posteriormente ele fundou a Human Rights Watch, que continuou a comandar depois que saiu da Random House.

Publicar obras sobre temas políticos, particularmente em época de eleições, foi durante muitos anos uma característica das editoras norte-americanas. Mas nas campanhas presidenciais de 1992 e 1996 não foi publicado quase nenhum livro para o público geral que lidasse com os grandes temas que envolviam os cidadãos norte-americanos. O NAFTA, os planos de saúde, o futuro do sistema se assistência social – esses temas raramente foram discutidos em livros, a não ser naqueles que adotavam uma clara postura de direita. Esses livros freqüentemente eram financiados por fundações de direita e publicados por grandes conglomerados. Não tenho dúvida de que alguns dos temas mais polêmicos, como o NAFTA e o sistema público de saúde, teriam sido abordados de forma bem distinta se na época um debate público tivesse sido estimulado por livros críticos.

Em uma pesquisa realizada em 1996, a *Publishers Weekly* relacionou cerca de quarenta novos livros sobre política, todos apoiando Gingrich, à exceção de um título – publicado pela New Press. A maioria das grandes editoras abandonou os livros com argumentação de centro ou de esquerda. Hoje eles estão limitados a algumas poucas editoras independentes e alternativas.

❧

SE A TRANSFORMAÇÃO DA EDIÇÃO comercial é tão ampla quanto eu descrevi, será que as editoras universitárias podem ser uma alternativa? Muitas delas depositaram suas esperanças na publicação dos livros de vendagem intermediária abandonados pelos conglomerados, ganhando assim algum dinheiro por conta própria ao mesmo tempo que resgatam do esquecimento livros importantes. A situação, porém, é mais complicada. O setor sem fins lucrativos tem sido submetido a pressões comerciais cada vez maiores, que em certos casos se revelaram uma privatização *de facto*.

Era inevitável que a abordagem empresarial acabasse atingindo as editoras universitárias. Afinal, departamentos acadêmicos inteiros não estão sendo fechados por falta de fregueses? Se o processo de ensino em si estava sob a influência de tais pressões, que barreira haveria para proteger as editoras universitárias?

Em um artigo publicado em 2000 no *Times Litterary Suplement* que provocou uma ampla discussão na Inglaterra, incluindo um debate na Câmara dos Lordes, o parlamento inglês, Sir Keith Thomas levantou a questão sobre o que as editoras universitárias devem fazer hoje no mercado. Thomas, um conhecido historiador, chefia a comissão de finanças da Oxford University Press e é um dos responsáveis pela decisão da Oxford de interromper a publicação de poesia contemporânea. Seu artigo era, em alguns aspectos, malicioso. Ele descreveu a Oxford como uma editora de médio porte, quando suas vendas anuais de quase meio bilhão de dólares fazem dela um gigante na sua faixa. As vendas da Oxford são maiores que as de todas as editoras universitárias norte-americanas juntas. O catálogo da Oxford inclui um grande número de livros altamente comerciais, e esses livros contribuem significativamente para os lucros. Thomas também afirmou que a University of Oxford recebe uma "renda razoável" da editora, que, ao longo dos últimos cinco anos, pagou à universidade em média 16 milhões de dólares por ano. À luz disso, o recurso ao corte da poesia pareceu a muitos críticos insignificante e filisteu.

Cortes posteriores na Oxford também eliminaram a intelectualmente importante coleção "Opus", a coleção "Modern masters" e o significado próprio do selo Clarendon Press. Cartas nas páginas do *TLS*, algumas de ex-empregados da Oxford University Press, expressaram revolta com as decisões da editora. Os bárbaros tomaram conta da administração da Oxford, disseram.

Em defesa desses cortes, Thomas invocou mudanças conhecidas: a crescente concentração da propriedade de editoras e livrarias, a conseqüente pressão por lucros sobre as editoras obrigadas a dar descontos crescentes às redes, a dificuldade de competir em um mercado quase monopolizado. Essas questões são prementes para uma editora do porte da Oxford, quanto mais para as menores editoras universitárias norte-americanas. A obrigação da Oxford University Press de ter lucro para pagar seus proprietários é algo que agora muitos no setor universitário têm de enfrentar.

Está claro que, como a Oxford, as editoras universitárias norte-americanas estão sofrendo por causa do alto custo de publicar monografias, tradicionalmente seu principal produto. Em um ponderado artigo no *New York Review of Books*, o professor Robert Darnton argumentou de modo convincente em favor da publicação de monografias *on-line*, citando vendas decrescentes (que podem não chegar a duzentos exemplares) e a crise das bibliotecas, cujos fundos têm sido cada vez mais desviados para a aquisição de periódicos acadêmicos. (Esses também são praticamente monopolizados, e a assinatura de um único periódico pode hoje custar até 16 mil dólares por ano.)

Mas ao mesmo tempo, como seu principal "produto" – a monografia – está se mostrando cada vez mais caro, o apoio das universidades está diminuindo. De acordo com Thomas, praticamente todas as editoras universitárias norte-americanas recebem subsídios de seus proprietários, mas na verdade hoje se espera que um número cada vez maior empate as despesas ou tenha lucro. A Ohio State University, por exemplo, recentemente exigiu 7% das vendas de sua editora, embora o percentual tenha sido posteriormente reduzido. Depois de um ano singularmente bom, a University of New Mexico Press se descobriu sendo taxada em 10% por sua universidade. A University of Chicago, coerente com seu ensino econômico, considera que a universidade como um todo deve gerar lucro, e exige de cada um de seus departamentos – incluindo a editora – um aumento anual da lucratividade. Dizem que jovens contadores percorrem o *campus* todo trimestre, perguntando aos chefes de departamento se eles fizeram o progresso esperado em seus planos comerciais, um ritual conhecido por qualquer um que já tenha trabalhado nas corporações dos Estados Unidos. Um recente estudo interno de 49 editoras universitárias mostrou que ao longo dos últimos quatro anos, o subsídio anual que elas recebiam das universidades tinha diminuído 8% em valores reais, e que 12 editoras tinham perdido mais de 10% do apoio. Utilizando a frase elegante de Peter Givler, comandante da Association of American University Presses, a associação norte-americana das editoras universitárias, muitas universidades estariam oferecendo "apoio negativo".

Em minhas conversas com gerentes de editoras universitárias, fiquei surpreso com a relutância deles em assumir suas opiniões. Ficavam contentes comentando o que estava acontecendo em outras editoras, mas freqüentemente estavam pouco dispostos a serem citados diretamente. Nessa área também é possível sentir o clima desalentador de uma grande empresa e não o espírito de debate aberto que deveria caracterizar os negócios universitários.

Se o papel das monografias diminuir nos próximos anos e o apoio das universidades continuar a ser reduzido, para onde as editoras universitárias irão voltar-se? Já há algum tempo, algumas tentaram tornar-se editoras regionais como uma solução para esse dilema. Editoras como as de Nebraska e Oklahoma desenvolveram grandes coleções de livros sobre história local. Em áreas onde não há editoras locais independentes, uma mudança como esta claramente presta um grande serviço.

Outras se voltaram para o mundo comercial. A Princeton University Press, a editora universitária mais rica dos Estados Unidos, que dispõe de recursos na ordem de 23 milhões de dólares, tem sido agressiva na tentativa de substituir as monografias tradicionais por títulos mais populares e comercialmente atraentes. Com essa abordagem, foi reduzido o espaço para os lançamentos mais sérios. Uma das primeiras mudanças implantadas por Walter Lippincott ao assumir a gerência da Princeton, em 1986, foi tentar acabar com a coleção "Bollingen" (transferida para lá da Pantheon quando esta foi comprada pela Random House sob a alegação de que uma editora universitária sem fins lucrativos era um lar mais apropriado). Felizmente, a diretoria da Princeton não seguiu a sugestão.

Os catálogos recentes de muitas editoras universitárias sugerem que elas passaram a dedicar uma parcela substancial de seus lançamentos a títulos intermediários mais comerciais, na esperança de cobrir seus custos.[30] Um número surpreendentemente grande delas passou a considerar o *baseball* como um tema que merecia ser coberto; também proliferam os livros sobre astros do cinema. O atual catálogo da University of California Press apresenta uma edição revisada da *History of the british monarchy*, de Antonia Fraser, o tipo de história popular que costumava ser publicado pela Knopf. Essa confiança em livros que as editoras comerciais abandonaram levanta sérias questões. Certamente não está claro se esses livros podem ser suficientemente lucrativos no atual ambiente editorial, e muitas editoras universitárias descobriram que o mercado para lançamentos intermediários não é confiável. Mas, mesmo quando tais livros geram dinheiro, é correto que uma editora universitária os publique? Centenas de milhões de dólares em impostos foram gastos nessas editoras ao longo dos anos, tanto direta quanto indiretamente, por intermédio de contribuições de ex-alunos e isenções fiscais. Esse dinheiro deveria garantir que as editoras continuassem a ser uma fonte de conhecimento acadêmico e informação, uma das poucas disponíveis nos Estados Unidos como um todo.

Tentando identificar o que está escrito nas estrelas para as editoras universitárias, eu acho que consigo reconhecer as letras "PBS". O Public Broadcasting System, o sistema público de televisão, foi submetido a enormes pressões políticas durante os anos Reagan-Bush, durante os quais o financiamento governamental foi deliberadamente suspenso de modo a obrigar as emissoras a buscar patrocínio privado e garantir uma programação anódina, menos contestadora politicamente. O declínio da televisão pública é outro exemplo do que acontece quando o mercado se torna juiz do que deve estar disponível. A busca por maior audiência invariavelmente irá diluir o conteúdo educativo. Se as editoras universitárias se renderem à tentação do mercado de livros comerciais, poderemos ver um quadro similar.

Como já mencionei, uma vez tive a oportunidade de me apresentar perante a comissão de seleção da Harvard University Press para debater seus lançamentos futuros. Eu preparei um relatório longo e detalhado. Reconhecendo que Harvard já tinha destaque na publicação de obras acadêmicas e monografias, sugeri que a editora dedicasse parte de seus esforços – e lucros – a outras áreas. Chamando a atenção para o fato de que John Silber, o ultraconservador presidente da Boston University, estava fazendo sérias tentativas de tomar as escolas municipais de Boston, eu sugeri que a Harvard pensasse em dirigir parte de sua experiência no campo da educação para a publicação de livros destinados a professores e alunos na região de Boston. Eu também sugeri que a Harvard desse mais atenção a publicações acadêmicas estrangeiras, ajudando florescentes editoras universitárias na Europa oriental e no Terceiro Mundo por intermédio de traduções e encomendas conjuntas.

Eu teria causado melhor impressão se tivesse sugerido à distinta comissão que nós marchássemos para o Harvard Yard e incendiássemos a Widener Library. Estava claro que Harvard considerava que seu papel era publicar apenas para seu corpo docente e para seus pares no mundo universitário. Não fazia parte de seus conceitos se preocupar com as necessidades de escolas locais. Mas em Massachusetts, estado onde está a Harvard, como em todos os estados, cursos sobre a história estadual fazem parte do currículo das escolas de nível médio. Graças ao braço local da central sindical AFL-CIO, os deputados aprovaram recentemente a inclusão da história sindical local no currículo. Essas áreas não estão sendo atendidas com alto padrão intelectual e acadêmico pelas editoras didáticas comerciais e poderiam ser um ótimo desafio para uma editora universitária.

❧

No conjunto, o que resta do setor independente do mercado editorial – as editoras universitárias, as sem fins lucrativos, as editoras religiosas e as editoras ligadas a grandes fundações – ainda pode desempenhar um importante papel. Mas o jogo definitivamente não é justo, e os recursos disponíveis são muito limitados.

O banco de dados Bowker, que reúne informações sobre as editoras, relaciona impressionantes 53 mil editoras nos Estados Unidos. Mas esse número deve ser visto com cuidado. É preciso lembrar que

93% das vendas anuais são controladas pelas vinte maiores empresas, outros 2% pelas pouco mais de cem editoras universitárias. Os 5% que sobraram das vendas de livros são disputados por esse enorme número de editoras. E ser pequeno e independente não garante edição do mais alto nível. A imensa maioria do catálogo das pequenas empresas é composta manuais, livros religiosos e inspiradores e guias regionais e similares.

Contudo, esse crescente grupo de independentes também inclui algumas pequenas editoras como Copper Canyon, Milkweed, Coffeehouse, Graywolf, Seven Stories e Four Walls Eight Windows, que assumiram a publicação de ficção séria, poesia e reflexão política. Sem sua presença, seria impossível para muitos autores iniciantes descobrir um público.

Outra fonte de edição independente são as igrejas, que durante anos sustentaram suas próprias editoras, algumas inteiramente concentradas em interesses específicos, outras buscando atingir um público maior. Entre elas, empresas como Beacon Press, Orbis e Pilgrim participaram do debate político e ofereceram um discurso ético. Tais editoras desempenharam um papel fundamental na oposição à Guerra do Vietnã, por exemplo.

Em função da clara falta de livros editados por empresas comerciais sobre temas políticos e sociais, também tem ocorrido um significativo aumento dos lançamentos de obras desse gênero por fundações empenhadas em grampear público para as pesquisas que financiaram. À direita, a Heritage Press e o Cato Institute ganharam importância, em parte assumindo a função que um dia foi exercida pela Free Press. A Bradley Foundation, de direita, sediada em Milwaukee, recentemente deu 3 milhões de dólares ao polemista Peter Collier para que ele criasse uma nova editora, a Encounter (que, muitos irão lembrar, é o nome do jornal financiado pela CIA que desempenhou um importante papel na Grã-Bretanha do pós-guerra). Na centro-esquerda do espectro político, o Brookings Institute e a Century Foundation (antes Twentieth-Century Fund) se tornaram cada vez mais importantes. Essas editoras são em grande parte herdeiras dos anos do *New Deal* e do *Fair Deal*, publicando o tipo de estudos que falam ao coração dos democratas liberais, livros que um dia foram publicados em grandes tiragens pelas editoras hoje controladas pelos conglomerados. Ademais, ainda há um punhado de editoras politicamente independentes, incluindo a Regnery à direita – continuação da Henry Regnery, importante editora de direita na década de 1950 – e algumas editoras à esquerda, como Monthly Review, South End e a Common Courage.

Outra fonte importante de questionamento é a edição de obras críticas oferecida pelas poucas editoras comerciais que continuam a trabalhar seguindo o espírito de abertura e respeito pelo grande público que um dia foi o padrão nos Estados Unidos. A mais notável entre estas é a W.W. Norton (distribuidora da New Press), tanto por seu catálogo quanto por sua estrutura incomum. É a única grande editora que pertence a seus executivos, um acordo firmado quando a empresa foi criada há mais de 75 anos. Esse é o grande impedimento oposto a outras empresas que poderiam ter tentado controlá-la, e serviu bem à Norton. Mas a Norton é mais que uma empresa independente. A qualidade de seus livros não diminuiu com o passar do tempo, e seus títulos ganham mais resenhas e prêmios literários a cada ano. Há algumas outras editoras comerciais, como a Harcourt Brace, a Houghton Miflin e a recentemente criada Metropolitan Books, da Henry Holt, que, embora pertençam aos conglomerados, conseguiram preservar sua independência intelectual e ainda têm condições de publicar obras de grande calibre. Na maioria destes casos, os catálogos comerciais são apenas uma pequena parcela de um negócio muito maior de livros didáticos, cujos proprietários presumivelmente querem manter por causa de sua presença comercial intelectualmente respeitada.

Uma experiência promissora começou com a Perseus Books. Comandada por um ex-executivo da HarperCollins e financiada por um consórcio de bancos, a Perseus tem a inteligente estratégia de comprar editoras assim que elas são jogadas fora pelos conglomerados. Conhecendo o funcionamento econômico das propriedades de Murdoch, a Perseus assumiu a Basic Books e a Westview Publishers, ambas antes controladas pela Harper's, bem como a Counterpoint, reencarnação do ilustre selo North Point, que tinha sido propriedade da Random House. Também foram lançadas novas coleções, como a "Public affairs", comandada por Peter Osnos, ex-vice-presidente da Random House. Hoje a Perseus publica 350 livros por ano, com vendas de 65 milhões de dólares, um início impressionante, embora arriscado, já que tentar derrotar os conglomerados é uma proposta cara.

Dois diferentes exemplos, um norte-americano e outro francês, oferecem esperança e servem de modelo para outras experiências. A Dalkey Archive, batizada em homenagem a um dos romances menos conhecidos de Flann O'Brien, é sediada na improvável localidade de Normal, Illinois. Situada ali porque sua equipe faz parte do corpo docente da State University of Illinois, a empresa utiliza escritórios da universidade e trabalha com os alunos. Seu diretor é um professor catedrático, dispensado de suas obrigações em sala de aula para poder dedicar seu tempo à editora. A casa criou um dos mais interessantes catálogos de literatura do mercado norte-americano, tornando disponível uma ampla variedade de obras importantes, tanto de língua inglesa quanto traduções. Além de Flann O'Brien, a Dalkey publicou as novelas de Arno Schmidt e os romances de Nicholas Mosley, que, embora difíceis, se tornaram inesperados sucessos comerciais. A Dalkey produziu, a partir de fragmentos de espaço e tempo disponíveis, um modelo que poderia ser facilmente copiado em universidades por todo o país. Não há motivo para que as editoras universitárias não encorajem essas editoras alternativas subsidiárias que poderiam partilhar suas instalações e fazer lançamentos em áreas nas quais a universidade evita se aventurar. As editoras universitárias mal publicam uma pequena parcela do que poderia ser traduzido ou, igualmente importante, relançado. Tais editoras poderiam preencher a crescente lacuna em nosso conhecimento acerca do que está sendo pensado no exterior e do que foi pensado em textos do passado.

Um exemplo igualmente inspirador pode ser encontrado em maior escala na França, em um dos acontecimentos recentes mais excitantes e promissores no mercado editorial europeu. A coleção "Raisons d'agir" (Razões de agir), de Pierre Bourdieu, consiste de pequenos livros baratos, publicados a partir de seu gabinete no Collège de France. Esses livros dominaram as listas de mais vendidos na França com suas novas idéias, suas políticas e críticas. Enquanto outras editoras francesas se afastaram cada vez mais dos lançamentos radicais, Bourdieu se instalou nesse campo. A série inclui pequenos livros controversos, vendidos por menos de dez dólares, um preço muito baixo para o mercado francês. Isso fez com que alguns de seus títulos vendessem mais de 100 mil exemplares. Suas vendas espantosas podem ser em parte atribuídas à própria reputação crescente de Bourdieu, mas também são fruto de uma estratégia editorial que tem grande apelo principalmente para um público jovem, em geral ignorado por outras editoras. Bourdieu, um brilhante crítico dos meios de comunicação, descobriu uma forma de participar do debate público independentemente das restrições do mercado editorial tradicional.

A história mostra que a experimentação e a descoberta têm mais chance de acontecer em pequena escala, quando se pode correr risco e há entusiasmo. Como escreveu recentemente Klaus Wagenbach, destacado editor alemão e estudioso de Kafka:

As editoras independentes estão mais uma vez desaparecendo nos braços dos mesmos dois conglomerados. Talvez você pergunte: isso é tão ruim assim? Deixe-me explicar rapidamente porque não é apenas tão ruim – é desastroso.

Vamos imaginar o futuro. E se, nesse admirável futuro novo, tiverem restado apenas um punhado de editoras, como, digamos, na antiga Alemanha Oriental. O que – não pensando em termos de comunismo e capita-

lismo – há de atraente nisso? Os livros serão mais baratos? Talvez. Mas no máximo 1/10 deles será publicado. Na Alemanha Oriental, isso acontecia por causa da censura do Partido. Em nosso futuro hipotético, será por causa da censura imposta pelos gostos do mercado de massa.

Grandes editoras pensam em termos de grandes números.

Mas livros novos, estranhos, loucos, intelectualmente inovadores ou experimentais são publicados em tiragens pequenas ou médias. Isso é tarefa para as editoras menores. Nós mesmos. Essas editoras menores não são compostas de especialistas em marketing. *Elas são formadas por pessoas que fazem livros por causa de suas paixões ou de suas opiniões veementes – certamente não por causa dos lucros que eles irão gerar. Livros que de outra forma jamais seriam publicados.*

Sejamos ainda mais explícitos: se os livros com pequenas tiragens desaparecerem, o futuro irá morrer. O primeiro livro de Kafka foi publicado com uma tiragem de oitocentos exemplares. A primeira obra de Brecht mereceu seiscentos. O que teria acontecido se alguém tivesse decidido que não valia a pena?[31]

⚜

HOJE NÃO PODEMOS falar de livre competição ou de livre mercado no setor editorial norte-americano. Nós estamos vivendo uma situação clássica de oligopólio tendente à monopolização. As ligações dos conglomerados com outros meios de comunicação em virtude do processo de concentração da propriedade dão a eles inacreditáveis vantagens na imprensa, na televisão e na cobertura e publicidade dos jornais. Empresas que são proprietárias de editoras e de revistas não hesitam em dar um grau de atenção desproporcional a livros que saem pelas editoras que elas controlam. As mudanças necessárias para lidar com esse tipo de poder são óbvias. A solução mais eficaz para a crescente formação de conglomerados está nas mãos do governo. Infelizmente, nos Estados Unidos e na Grã-Bretanha, como vimos, o controle dos meios de comunicação mais importantes pelos conglomerados é tão poderoso que os governos têm temido invocar a legislação antitruste.

Alguns desdobramentos promissores se deram na União Européia. Uma recente decisão da comissão antimonopólio da UE impediu a fusão da Reed Elsevier com a Wolter Kluwer, dois conglomerados originalmente holandeses mas hoje internacionais que, como vimos, controlam uma grande parcela do mercado de referência e informação. A comissão decidiu corretamente que essa fusão teria proporcionado às duas empresas um domínio semimonopolista sobre setores fundamentais. Espera-se que os governos europeus, cada vez mais conscientes do fato de que a independência cultural de suas nações está sendo ameaçada por tais conglomerados, evitem futuras fusões e até mesmo questionem as já realizadas.

Uma segunda solução possível é tecnológica. Muito tem sido dito acerca do valor da internet como método de disseminação de informação. Com pequeno capital e treinamento mínimo, qualquer um pode criar um *site*, qualquer autor pode publicar seu trabalho, qualquer periódico científico pode começar a editar e talvez atingir um público de pessoas que pensam de modo semelhante ao redor do mundo. Mas, claramente, o volume de material hoje disponível *online* é tanto um problema quanto uma oportunidade. Como podemos saber se o que está sendo oferecido é confiável? É exatamente essa pergunta que mostra a vantagem do mercado editorial. Os editores, acima de tudo, são pessoas que fazem uma seleção, que escolhem e editam o material que será distribuído de acordo com certos critérios, e então o comercializam e anunciam. Colocando seus nomes nas obras dos escritores, eles oferecem ao leitor uma garantia e uma orientação.

Ademais, a idéia de que a internet oferece automaticamente uma forma democrática de disseminação de informação não está de modo algum provada. Muito poucos *sites* descobriram como fazer com que os visitantes paguem pelo material a que têm acesso, e, embora entrar na internet seja relativamente fácil, criar e manter um *site* que atraia um público é um empreendimento caro que envolve projetos de *design* e verba publicitária. Há muitos motivos para supor que as maiores empresas, com maior poder comercial, irão dominar a internet da mesma forma como se instalaram no mercado editorial mais convencional. Elas também podem acabar controlando nosso acesso a esse meio.

Stephen King recentemente publicou um romance na internet. O sucesso extraordinário da experiência despertou a imaginação tanto de autores quanto de editores. Várias centenas de milhares de exemplares do livro foram vendidas no primeiro dia; o *site* recebeu tantos acessos que acabou sobrecarregado. Isso levou muitos a especular sobre o fim do mercado editorial como nós conhecemos. Eles anteviram um sistema de distribuição de livros muito semelhante ao que está sendo desenvolvido pela indústria fonográfica, pelo qual o conteúdo é colocado na internet e baixado pelo consumidor.

Contudo, o resultado da iniciativa de King sugere que a distribuição pela internet pode ser eficaz, pelo menos inicialmente, nos extremos do espectro editorial. Como foi dito, houve muita discussão sobre a possível distribuição de monografias acadêmicas – livros que normalmente venderiam no máximo 350 exemplares e cujo público é facilmente atingido pela internet. Na outra ponta do espectro editorial, a obra de autores *best-sellers* que já têm um publico cativo e uma carreira conhecida também poderia se sair bem na internet. Nesses casos haveria dinheiro para publicidade e *marketing* e leitores impacientes gostariam de ter o livro no dia em que ele saísse.

O medo de que autores *best-sellers* possam publicar suas próprias obras tem assombrado os conglomerados há muitos anos. É apenas por intermédio de pagamentos excessivos que eles conseguiram manter a lealdade de muitos autores. Eles sabem que pessoas como Stephen Kings podem facilmente contratar uma gráfica e um distribuidor. Agora, com o advento da internet, essa ameaça fica ainda mais clara. Em uma recente série de palestras na Public Library de Nova York, Jason Epstein traçou esse cenário, mas sem chegar às conclusões óbvias. Com os conglomerados se tornando dependentes das vendas dos principais títulos, estariam eles dispostos a publicar o restante de seus catálogos se essas "locomotivas" desaparecessem na internet? A mudança de objetivo nas grandes editoras, que deixaram de publicar um amplo leque de títulos para se concentrar na maximização dos lucros, sugere que todo o negócio pode estar correndo um risco muito maior do que Epstein está disposto a admitir. A internet pode muito bem acelerar o processo que estamos analisando. Se ela servirá também para autores e editores de livros menores que não recebem a publicidade maciça exigida pelos *sites* da internet é outra questão. Pelo que sabemos sobre os gigantescos orçamentos publicitários de empresas de *e-commerce*, é necessário muito mais dinheiro para criar um *site* de sucesso que para bancar as despesas de um ano com a publicação de livros em uma pequena editora. As maravilhas tecnológicas da internet podem não ser suficientes para ameaçar as estruturas de geração de lucros que foram criadas.

Inovações nos meios de comunicação, desde o surgimento do rádio e da televisão até a internet, freqüentemente são acompanhadas de uma onda inicial de otimismo, sugerindo que, dessa vez, as novas máquinas serão usadas sábia e eficazmente para construir redes de valor educativo e promover a cultura. Essas ilusões desaparecem rapidamente. Resta ver se a internet e aqueles que investem nela irão escolher um caminho diferente.

Uma terceira possibilidade de mudança residirá na disposição dos governos de ajudar diretamente as editoras como parte de um programa mais amplo de apoio a instituições culturais. Muitos governos europeus têm hoje substanciais políticas de apoio a cineastas. Há também novas associações transnacionais como a Arte, emissora de televisão franco-alemã financiada pelo poder público que faz transmissões de um nível muito mais alto que qualquer coisa que possa ser vista no mundo de língua inglesa ou mesmo na maior parte da Europa. Por que a produção de livros não poderia ter uma ajuda governamental semelhante?

Embora haja um histórico de apoio governamental às editoras na Europa como parte da tentativa de criar políticas nacionais para fomentar tanto o lançamento quanto a venda de livros, tem havido poucos esforços semelhantes nos Estados Unidos. A maior parte do pouco apoio público à publicação de livros nos Estados Unidos tem sido canalizada pelo National Endowment for the Arts (NEA) e o National Endowment for Humanities (NEH), mas hoje as duas instituições estão na defensiva. Em função dos grandes cortes nas verbas de financiamento nos últimos anos, elas reduziram em muito a quantia dada a editoras para ajudar a tornar disponíveis obras acadêmicas e inovadoras. Apenas alguns poucos projetos grandes – as obras reunidas de personagens centrais da história norte-americana, por exemplo – continuam a receber esse tipo de ajuda. Mas não é impossível pelo menos imaginar a criação de um fundo significativo financiado pelas atuais instituições governamentais – a NEA, a NEH e o Museum Institute. Um plano como este poderia ter um grande impacto. Muitas obras interessantes são fruto das bolsas concedidas por essas organizações, e muito poucas delas chegam a ver a luz do dia. O grande volume de recursos federais gasto no desenvolvimento de nossos currículos, no financiamento à pesquisa e tradução e na geração de novos programas de museus é desperdiçado se os resultados não são publicados. Um Congresso mais iluminado poderia ser convencido disto.

A New Press assumiu alguns projetos de educação científica de nível médio desenvolvidos pelo Museu de História Natural de Nova York e pelo Exploratorium de São Francisco, mas centenas de valiosas empreitadas educacionais como estas não serão publicadas. As editoras comerciais consideram-nas insuficientemente lucrativas: as editoras universitárias, em sua grande maioria, não se interessam pelos leitores em idade escolar.

Além desses projetos óbvios, há muito trabalho que mereceria apoio federal. Algumas instituições deram bolsas substanciais para a tradução de literatura estrangeira e textos acadêmicos ao longo dos anos, mas também poderiam ter ajudado a financiar a publicação dessas traduções. Um fundo editorial poderia ajudar a distribuir livros para as bibliotecas públicas do país, cujos orçamentos já foram violentamente reduzidos. Por um pequeno volume de dinheiro, bibliotecas e escolas poderiam oferecer a seus leitores um número muito maior de opções do que está disponível hoje.

Tais propostas claramente não estão hoje entre as prioridades de ninguém. Os problemas que enfrentamos neste início de século são esmagadores tanto em sua magnitude quanto em sua complexidade. Mas se o domínio das idéias ficar nas mãos daqueles que querem ganhar o máximo de dinheiro possível, então o debate que é fundamental para o funcionamento de uma democracia não irá acontecer. Em grande medida, esse silêncio tomou conta de boa parte da vida intelectual norte-americana.

Hoje os livros se tornaram meros acessórios dentro do mundo da comunicação de massa, oferecendo entretenimento leve e garantindo que tudo está bem neste que é o melhor de todos os mundos possíveis. O controle da disseminação de idéias que se segue disso é mais rígido que qualquer um consideraria possível em uma sociedade livre. A necessidade de discussão pública e debate aberto, inerente ao ideal democrático, conflita com a exigência cada vez mais rígida de lucro máximo.

Robert McChesney, em seu valioso livro *Rich media, poor democracy*, cita um debate que aconteceu na década de 1930 sobre a possibilidade e a conveniência de as emissoras de rádio ficarem totalmente nas mãos da iniciativa privada em vez de manter uma base independente, sem fins lucrativos:

A liberdade de expressão é a base da democracia. Permitir que empresas privadas monopolizem o mais poderoso meio de atingir a mente humana é destruir a democracia. Sem a liberdade de expressão, sem uma apresentação honesta dos fatos por pessoas cujos interesses básicos sejam não-lucrativos, não pode haver uma base inteligente para o estabelecimento de políticas públicas.[32]

SEIS

New Press

QUANDO DEIXAMOS A PANTHEON no início de 1990, estava claro que precisava ser encontrada uma nova solução para os problemas que tínhamos no mercado editorial. Mas seria necessário tempo para estudar as lições das outras editoras independentes e decidir o que fazer. Meus colegas precisavam encontrar trabalho imediatamente e não podiam dar-se ao luxo de esperar pelo estabelecimento de uma nova estrutura. Para minha tristeza, o grupo que tinha trabalhado tão bem junto na Pantheon se dispersou.

Quanto a mim, comecei a ser sondado por bancos de investimentos e donos de editoras nas semanas seguintes à nossa saída. Meu antigo colega da Basic Books, Martin Kessler, telefonou para perguntar se eu estudaria a proposta de criação de um selo como a Pantheon na Harper's, ligado à Basic. A Basic era uma das poucas empresas remanescentes cujos lançamentos eu respeitava, mas seu futuro com Murdoch parecia incerto. Por mais que apreciasse a proposta de Martin, eu senti que estaria fazendo a célebre transferência da frigideira para o fogo, então recusei. A rapidez com que o fogo queimou surpreendeu até a mim. Em alguns meses Martin foi obrigado a deixar a Basic para trabalhar durante um breve tempo, até sua morte precoce, na Free Press. A própria Basic se mostrou igualmente vulnerável.

Durante muitos anos eu tinha achado que o país precisava de um novo tipo de editora, um equivalente editorial às emissoras públicas de televisão e rádio PBS e National Public Radio (NPR). Aquela era claramente a oportunidade da minha vida de descobrir se essa teoria podia ser colocada em prática. Eu admirava muito o trabalho de Bill Moyer na criação das redes de emissoras alternativas. Mas, em 1990, elas tinham sido enfraquecidas. Especialmente a PBS, pressionada por Washington, começara a progressivamente deixar de lado suas transmissões políticas e sociais, substituindo-as por uma mistura anódina de antigos espetáculos, celebrações nostálgicas de história local e história étnica e intermináveis programas de culinária. A experiência da PBS, assim como as guerras culturais que na época estavam sendo travadas em torno do NEA, me deixou cauteloso quanto à idéia de buscar financiamento governamental. Parecia irreal esperar ser encorajado a publicar livros políticos críticos com análises divergentes em um momento no qual o Congresso estava ansioso para eliminar qualquer vestígio de dissidência entre aqueles que recebiam financiamento. (Em quase dez anos de existência, a New Press recebeu menos de 0,5% de seu financiamento externo de entidades governamentais.)

Isso deixava apenas duas soluções possíveis. Uma era encontrar um milionário de bom coração que estivesse disposto a nos sustentar, assim como James Laughlin tinha financiado a New Directions na década de 1920 ou Paul Mellon tinha feito com a Bollingen Foundation nos anos 1950. Mas isso parecia esperançoso demais, como querer que o Papai Noel descesse pela nossa chaminé. Uma opção mais realista era buscar as fundações. Nós poderíamos defender a criação de um meio de comunicação alternativo para lidar com os temas políticos e sociais que estavam sendo negligenciados pelas editoras pertencentes a conglomerados. Pretendíamos nos concentrar em muitos dos temas sociais nos quais as fundações tinham despendido bilhões em pesquisas e outros financiamentos. Era lógico que uma editora dedicada a tais temas fosse merecedora do apoio dessas instituições.

Um grande problema dessa solução era que ao longo dos anos muitas das grandes fundações já tinham tentado apoiar novos empreendimentos no mercado editorial, basicamente ajudando editoras comerciais já existentes a contratar livros que elas teriam ignorado, e freqüentemente a um custo exorbitante. Mesmo a Random House de vez em quando anunciava um título improvável financiado pelas dezenas de milhares de dólares das fundações. Procurando diversas fundações, descobri que elas eram bastante reservadas quanto a financiar editoras. Talvez esse não fosse, afinal, o caminho certo.

Então, por sorte, cruzei com dois executivos de fundações que compreenderam perfeitamente o que nós estávamos tentando fazer. Colin Campbell, que comandava o Rockefeller Brothers Fund, tinha sido presidente do Wesleyan College e, portanto, tinha conhecimento dos problemas enfrentados pelas editoras. Ele foi o primeiro a oferecer ajuda e nos forneceu uma lista preciosa com o nome de colegas que podiam ser procurados em outras fundações. Woody Wickham, encarregado dos financiamentos para os meios de comunicação na MacArthur Foundation, foi outra pessoa que percebeu os méritos de nossa proposta. MacArthur se tornou, alegremente, nosso primeiro grande financiador, nos dando 1 milhão de dólares ao longo de nossos quatro primeiros anos, uma quantia que tornou a New Press possível; eles continuaram a nos apoiar desde então. Campbell contribuiu com um volume menor de dinheiro, mas forneceu um apoio essencial, juntamente com Richard Leone, que comandava o então chamado Twentieth-Century Fund, organizando um almoço que teve a participação de uma dúzia de executivos das fundações. Eu preparei minha apresentação para essa reunião durante meses, e dizia brincando que aquela era a mais importante reunião de vendas a que eu já tinha ido. De muitas formas aquele encontro era análogo a uma verdadeira reunião de vendas. Eu precisava persuadir um grupo de pessoas simpáticas, mas céticas, de que o projeto que tínhamos concebido no papel iria funcionar no mundo real. Dos 12 executivos presentes, dez acabaram convencendo suas fundações a nos apoiar.

O volume total de recursos que buscávamos não era grande para os padrões das fundações. Chegava a bem menos de 1 milhão de dólares no primeiro ano, menos de 1% do que o canal de Nova York da PBS, Channel Thirteen, levanta todo ano. Mas era o suficiente para custear a publicação dos livros cujos originais já estavam conosco e mais alguns outros que planejávamos publicar naquele primeiro ano. Assim que esses livros fossem vendidos, entraria dinheiro suficiente para nos permitir publicar nosso catálogo seguinte, e assim por diante, de preferência para sempre.

O falecido Joe Murphy, então chanceler da City University New York (CUNY), deu-nos mais um apoio inesperado. Joe, um cientista político, era um bom amigo de Fran Piven, um dos mais importantes autores da Pantheon e posteriormente o presidente da nossa diretoria. Ele tinha acompanhado a história da Pantheon com interesse, e pouco depois de eu ter deixado a empresa ele apareceu com uma oferta generosa. Estava prestes a deixar seu cargo de chanceler e se tinha transferido para um escritório em um prédio maltratado da CUNY na Fortyfirst Street, a oeste do terminal da Autoridade Portuária. Sua esposa, a artista Susan Crile, dava aulas para estudantes de arte lá como parte do programa de mestrado do Hunter College. Ele queria ficar perto dela e gostava de ensinar aos artistas, freqüentemente sem formação, algumas lições básicas de pensamento político. Joe já convidara Alan Lomax, o grande etnomusicólogo dos anos 1930 cujas memórias tinham sido encomendadas pela Pantheon, para ser seu vizinho. Uma nova editora universitária da CUNY estava prestes a ser criada e ficaria no mesmo piso. Mas ainda havia espaço disponível, e Joe o ofereceu a nós, de graça.

Não poderíamos ter esperado por ajuda mais concreta. Apoio público sem risco de ameaça a nossos direitos garantidos pela Primeira Emenda era teoricamente impossível, mas ainda assim estava ali, um oferecimento essencial pelo qual nós sequer precisáramos pedir. Aceitamos com entusiasmo e eu fui com Joe examinar as instalações que iríamos dividir. Eu tinha sonhado com uma pequena casa de pedras no Village ou talvez uma cobertura com alguns escritórios dedicados à editora, como aqueles que nós tínhamos em nossos primeiros dias na Pantheon. Eu certamente não estava preparado para a aparência do prédio da CUNY. Tendo sediado antes as instalações da Escola Técnica Voorhees, era decrépito e danificado. Entramos no elevador inseguro e chegamos aos grandes escritórios que ficavam no meio dos domínios de Joe. Não havia a possibilidade de uma entrada discreta ou de áreas separadas. Ofereceram-nos dois escritórios contíguos em um longo corredor que seria dividido com diversos outros ocupantes, incluindo um programa de treinamento de trabalhadores para o departamento de transportes de Nova York. Por mais que eu gostasse da idéia de ser identificado com a CUNY e fosse grato a Joe, meu rosto mudou quando vi as salas empoeiradas na minha frente. Eu torci para que Joe não percebesse meu desapontamento, mas ele estava tão entusiasmado com seus novos vizinhos que acho que não prestou atenção. E, claro, ele estava certo. Os escritórios podiam ser colocados para funcionar e havia muito espaço para expansão. Os aluguéis por ali eram os mais baixos que se podiam conseguir na região central de Nova York, e os armazéns próximos vendiam seus tesouros por apenas uma fração do valor que eu estava acostumado a pagar perto de casa, no Upper West Side. Joe ficou deliciado ao destacar a pechincha que era comprar peixe-espada fresco, tomate seco e maravilhas da África e da América Latina. Eu me descobri levando para casa porções de comida quase todos os dias, um bônus inesperado da nossa nova instalação.

 O passo seguinte, fundamental, era encontrar alguém que vendesse nossos livros. Não estávamos interessados em procurar os conglomerados. Queríamos uma editora independente, de preferência em Nova York, cujos livros fossem semelhantes aos nossos. A escolha logo se limitou a dois candidatos. Roger Straus III era um antigo colega e um amigo que tinha demonstrado interesse em distribuir nosso catálogo pela Farrar, Straus & Giroux. Ao mesmo tempo, eu procurei Donald Lamm, que dirigia a W.W. Norton, cujo catálogo era, em muitos sentidos, mais semelhante ao que estávamos planejando, tanto do ponto de vista do nível de seus livros quanto no que dizia respeito a seu compromisso com a independência. Ademais, a Norton era conhecida por sua força no meio universitário, e de fato durante anos tinha sido sustentada pela lucratividade de seu bem conhecido material didático. Como nós esperávamos que muitos de nossos livros fossem, com o tempo, incorporados pelos currículos universitários, acabamos escolhendo a Norton. (Acabou sendo muito bom, já que Roger logo rompeu com seu pai, o presidente da Farrar, Straus & Giroux, que se mostrava muito menos entusiasmado em ficar conosco.)

Eu fui à reunião de vendas da Norton pouco depois de assinarmos o acordo, antes mesmo de termos livros para apresentar. Aquilo me lembrou extraordinariamente meus primeiros dias na Pantheon. Uma dúzia de vendedores reunidos ao redor de uma mesa de madeira em um hotel no centro, ouvindo a apresentação de uma relação de títulos, muito semelhantes àqueles que a Knopf publicava quando eu me juntei à Random House. Era como se estivéssemos em uma máquina do tempo retornando trinta anos atrás para um mundo editorial que era muito mais simples, mais direto e honesto. Eu me senti imediatamente em casa.

Com escritórios e um distribuidor, e tendo começado a buscar financiamento, precisávamos então encontrar editores e autores. Quando nós deixamos a Pantheon eu estimulei meus colegas mais jovens a ficar porque sentia que não seria fácil para eles encontrar novos empregos. Uma daquelas que tinha ficado para trás tinha sido Diane Wachtel, minha antiga assistente. Apesar das pressões para permanecer na Random House, Diane concordou em ser contratada como nossa primeira empregada remunerada, e mais tarde se tornou – e continua a ser – nossa diretora a adjunta. Trabalhando sob a enorme pressão de nossos primeiros anos, ela demonstrou uma impressionante gama de talentos, administrativos e financeiros, além de editoriais. Sua colaboração tem sido parte importante do sucesso da New

Press, e suas habilidades editoriais foram fundamentais para ajudar a modelar alguns de nossos livros mais importantes. Logo dois outros se juntariam a nós: Dawn Davis, uma jovem brilhante que tinha sido estagiária no Banco First Boston até decidir que a vida ia além dos bancos, chegou como minha assistente; e David Sternbach, outro dos jovens editores-assistentes da Pantheon, que se juntou a nós durante um curto tempo como editor em meio expediente.

Outra oferta de ajuda crucial partiu de Tony Schulte, ex-vice-presidente da Random House encarregado das edições comerciais, e de quem eu tinha sido colaborador próximo ao longo dos anos. Tony tinha deixado a Random House antes de todas as mudanças e se estabelecido como consultor de fusões e aquisições no mercado editorial. Ele não precisava do dinheiro, nem precisava do aborrecimento de mais uma vez ter de se preocupar com as necessidades financeiras de uma pequena editora. Mas eu queria muito seus conselhos e sua ajuda, e sabia que se ele estivesse conosco seriam respondidas as muitas perguntas que surgiriam em relação ao tipo de orientação financeira que teríamos. Tony generosamente concordou em trabalhar para nós, ajudando a nos guiar durante nosso primeiro e perigoso ano, e finalmente entrou para nossa diretoria.

Diane, Dawn, David e eu começamos a preparar nosso primeiro catálogo, de acervo modesto, incluindo vários títulos que pudemos resgatar da Pantheon. "Resgate" era uma palavra que eu me descobri utilizando com freqüência; nós éramos como Robinson Crusoé em sua ilha deserta. Mas ao reler o clássico de infância eu descobri que Crusoé tinha sobrevivido não apenas graças à sua própria engenhosidade, mas também por causa dos preciosos objetos que ele tinha conseguido carregar do navio, que, para o bem da trama do livro, demorou muito tempo para afundar. Tão essenciais quanto as pás e pregos (e as garrafas de rum) que Crusoé conseguiu levar para a ilha eram os originais que nossos autores seguraram para nós durante o ano que se seguiu à nossa saída da Pantheon. Era uma demonstração de fé dos autores agir assim, particularmente quando, como no caso de Studs

Terkel, outras editoras haviam feito ofertas substanciais. Mas Studs, Edward Thompson, Marguerite Duras, John Dower, Lucy Lippard, Ada Louise Huxtable, os herdeiros de Foucault e muitos outros que teríamos publicado na Pantheon nos testemunharam seu apoio inabalável, esperando até que levantássemos o dinheiro necessário para ficar com seus livros. Isso nos permitiu produzir um primeiro catálogo que incluía vários grandes títulos que nós sabíamos que iriam atrair a atenção tanto dos resenhistas quanto das livrarias e estabelecer a New Press como uma editora importante. O livro de Studs, *Race: how blacks and whites think and feel about the american obsession*, foi lançado assim que os tumultos raciais incendiaram Los Angeles e se tornou um *best-seller* instantâneo. Das centenas de autores que tínhamos publicado na Pantheon, apenas três escolheram permanecer na Random House.

Com o tempo nós descobrimos que podíamos vender um volume substancial de títulos significativos e intelectualizados, incluindo aqueles que ninguém no mundo comercial acharia que poderiam encontrar um público. Nós também fomos encorajados por todos os importantes autores de ciências sociais que estavam interessados em se juntar a nós saindo de editoras comerciais (escritores como John Womack, Jorge Castañeda, Vincent Capranzano e Katherine Newman).

Às primeiras fundações que nos ajudaram juntaram-se quase cinqüenta outras, que proporcionavam à New Press a pequena parcela do seu orçamento que não era gerada pelas vendas de livros. Esse apoio funcionava como um equivalente editorial das antigas bolsas de ensino superior. Os livros eram admitidos por mérito, não por sua contribuição potencial para o lucro líquido. Hoje, em seu oitavo ano, a New Press foi capaz de publicar bem mais de trezentos livros, desde traduções de literatura estrangeira até difíceis livros de teoria jurídica e história, passando por argumentações sobre idéias políticas divergentes (que as editoras estabelecidas temiam lançar).

Durante nosso ano de planejamento, quando tentamos levantar os fundos iniciais necessários para lançar a editora e trabalhamos nos originais que já tínhamos em mãos, tivemos muito tempo para olhar para trás, refletir sobre o que tínhamos feito na Pantheon e ver quais eram suas forças e suas fraquezas. Eu já estava com mais de 50 anos de idade, tinha a convicção de que aquela era minha última oportunidade de fazer as coisas certas. Eu estava orgulhoso do que conseguimos fazer na Pantheon, mas me dei conta de que havia muitos setores que podiam ser melhorados. A equipe da Pantheon, por exemplo, com uma única exceção, era toda branca e de classe média. Nesse sentido, nós éramos como o restante da Random House, cujo time de *baseball* era composto fundamentalmente pelo pessoal da faxina.

Na New Press nós decidimos fazer todos os esforços para ter uma equipe o mais diversificada possível, bem como para ter uma diretoria que fosse ligada às várias correntes intelectuais e políticas do país.

Nós logo descobrimos que era infrutífero tentar recrutar funcionários pertencentes a minorias dentro do mercado editorial. Havia tão poucas pessoas que não fazia sentido transferi-las de um lugar para outro. Recordando o esforço que tinha sido feito nos anos 1960 para contratar funcionários que pertencessem a minorias, era chocante ver como poucos eram empregados nas editoras de hoje.

A única solução possível era procurar fora do setor. Após Dawn Davis ter-se juntado a nós, chegou um outro editor negro que viera da Village Voice. Até seu trágico desaparecimento no verão de 1999, no que parece ter sido um acidente durante um passeio, Joe Wood deu uma contribuição inestimável para a New Press. Um escritor completo, Joe mostrou-se um dos mais capazes e inteligentes editores com que já trabalhei. Embora ele não tivesse experiência anterior na edição de livros, desempenhou um papel fundamental tanto na descoberta de autores afro-americanos quanto na localização de importantes pesquisas sobre vários aspectos da história, da raça e da política norte-americanas. O sucesso de Joe nos três anos durante os quais trabalhou conosco comprovava que muito poderia ser realizado no mercado editorial se fossem feitas buscas fora dos canais tradicionais.

Com o tempo, nosso modesto esforço de recrutamento de pessoas pertencentes a minorias, considerado um modelo pela indústria editorial, acabou por se tornar tema de diversas reportagens e entrevistas em revistas. Fui convidado a aconselhar outras editoras, muito mais ricas e mais bem situadas que nós, sobre os esforços que poderiam fazer para diversificar suas equipes. Mesmo editoras universitárias, em *campi* repletos de brilhantes jovens negros, pareciam ter grande dificuldade em encontrar funcionários e mesmo estagiários que fossem de minorias étnicas. Havia problemas reais a serem enfrentados nessa área, como os salários lamentavelmente baixos pagos no mercado editorial como um todo, especialmente no nível inicial, o que dificulta o ingresso na profissão de pessoas sem nenhum apoio familiar. Mas o sucesso da New Press mostrou que se for feito um esforço nessa direção, tais dificuldades podem ser, ainda que não inteiramente resolvidas, pelo menos enfrentadas.

NÓS DECIDIMOS CRIAR uma série de comitês consultivos compostos de acadêmicos e professores de áreas como direito, educação e direitos civis para nos ajudar a identificar lacunas na literatura específica de cada área e autores potenciais, coisa que nossa pequena equipe não era capaz de fazer. Os comitês consultivos desempenharam um papel importante em nossos primeiros anos, nos dando uma clara noção das áreas em que eram realizados importantes novos trabalhos e de como nós poderíamos atingir novos públicos.

Parecia que certos tipos de livros – e leitores – tinham sido negligenciados antes mesmo que começasse a compra das editoras pelos conglomerados. Compreensivelmente, em uma indústria na qual empregados e pressupostos eram – e ainda são – brancos e de classe média, públicos diferentes tendiam a ser ignorados. Entre nossos primeiros esforços estiveram projetos experimentais concebidos para atingir esses leitores. Por exemplo: nós publicamos vários livros sobre história da arte dirigidos especialmente a leitores negros. Não eram livros de arte caros, concebidos para a classe média, mas edições baratas que podiam ser facilmente compradas por pessoas com orçamentos modestos. Em sua maioria, esses livros esgotaram as tiragens iniciais de 7,5 mil exemplares em poucos meses.

Não fora apenas o público pertencente às minorias que tinha sido subestimado. Havia no mercado editorial uma crença geral de que não existia público suficiente para livros políticos que exigissem esforço intelectual. Logo depois de termos criado a New Press, um professor de direito chamado Peter Irons nos procurou. Ele tinha descoberto um conjunto de defesas orais feitas perante a Suprema Corte dos Estados Unidos que tinha sido gravado por mais de quarenta anos, mas as fitas, depositadas no Arquivo Nacional, nunca tinham sido transcritas. Nós decidimos publicar uma seleção dessas defesas em livros que vinham com fitas, embora colegas em todo o mercado nos dissessem que só poderíamos esperar atingir um público muito especializado com tais títulos; eles recomendaram uma tiragem inicial de não mais de 5 mil exemplares. Esses livros com fitas se tornaram nossos primeiros *best-sellers*. As vendas foram ajudadas com a publicidade gerada pela oposição inicial do presidente da Suprema Corte à sua liberação e aumentaram ainda mais com a transmissão de algumas das fitas na rádio pública. Mas o projeto não poderia ter sido bem-sucedido se muitas pessoas não demonstrassem interesse em saber como a lei é feita e interpretada. Mais de 75 mil exemplares já foram impressos.

Da mesma forma, em 1995 nós fomos aconselhados a encomendar apenas uma pequena tiragem do longo e detalhado estudo de James W. Loewen comparando os 12 livros escolares de história mais adotados nas escolas norte-americanas. O autor, cuja *História do Mississipi* nós publicamos na Pantheon, tinha um texto preciso, um bom senso de humor, e um título excelente: *Lies my teatcher told me: everything your american history textbook got wrong* (As mentiras que meu professor contou: tudo o que está errado no seu livro didático de história).

Com as adoções por clubes do livro e as edições feitas por outras editoras para as quais nós vendemos os direitos, já foram rodados mais de 350 mil exemplares deste livro, demonstrando o enorme interesse em conhecer e o que é ensinado a nossos filhos.

Ademais, como muitas obras literárias do exterior eram ignoradas pelas grandes editoras, não foi difícil para nós encontrar um grupo promissor de autores estrangeiros. Em nosso primeiro ano, publicamos cinco livros de ficção e belas-letras estrangeiros, e todos eles figuraram nas listas de melhores livros da *Times* no final do ano. Um deles, *A moment of war*, de Laurie Lee, esteve entre os dez mais. Em 1992, todos os autores que nós tínhamos escolhido a partir dos catálogos de nossos colegas britânicos (Tibor Fischer, Romesh Gunesekera e Abdulrazak Gurnah) apareceram na seleção do Booker Prize – uma lista severamente criticada por alguns em Londres como sendo demasiadamente "exótica" e "multicultural". O sucesso de nossos livros nessas áreas não refletia tanto nosso brilhantismo editorial quanto o fato de que tínhamos todo um campo abandonado deixado para nós. As vendas de ficção traduzida foram muito limitadas, afetadas em grande medida pela diminuição do orçamento das bibliotecas. Mesmo um livro que recebesse boas resenhas na *Times* e outras publicações podia não vender mais de mil exemplares. Nenhum editor em uma empresa comercial poderia defender tal escolha editorial.

Nós também descobrimos que havia muitas áreas na não-ficção em que enfrentávamos pequena competição. Eu estava convencido de que devíamos nos concentrar, em parte, nas novas idéias que surgiram em várias áreas profissionais. Foucault, em seus últimos anos, começou a se afastar dos partidos políticos e sugeriu que seria entre grupos de profissionais que as abordagens mais úteis e inovadoras poderiam ser descobertas. Eu, por experiência própria, descobri que, embora muitas das pessoas com as quais nós discutíamos política se sentissem incertas sobre os atuais processos políticos, particularmente com relação aos partidos existentes, elas tinham idéias muito claras acerca de suas vidas profissionais. Assim, reunimos um grupo de conselheiros voluntários nas áreas de educação, direito e medicina, que passavam horas em nossos escritórios nos falando sobre que livros eles consideravam necessários que fossem escritos e que autores deveriam escrevê-los.

Mesmo muitas das editoras universitárias tinham decidido que publicar livros sobre educação não era uma prioridade, talvez porque esses livros fossem condenados como uma maneira certa de perder dinheiro, talvez porque a aura das escolas não tivesse o devido prestígio. Desde o início nós achamos que não era difícil encontrar valiosos autores novos nesse campo. Uma de nossas melhores descobertas foi Lisa Delpit, ganhadora do prêmio MacArthur, que tinha escrito uma série de artigos fascinantes na *Harvard Education Newsletter*. Ela tratava do conflito cultural na sala de aula entre um corpo docente que era basicamente branco e um grupo de estudantes que era cada vez mais "diferente": 40% das crianças norte-americanas em idade escolar no momento em que o texto foi escrito eram de origem não-européia. O livro de Delpit, *Other people's children*, se tornou um sucesso extraordinário, com mais de 60 mil exemplares vendidos, e nos ajudou a atrair um grande número de jovens acadêmicos que lidavam com os problemas enfrentados pelos educadores norte-americanos. No setor jurídico, publicamos uma série de livros didáticos alternativos, concentrados em algumas das áreas fundamentais que eram freqüentemente negligenciadas no currículo-padrão, incluindo sexualidade, direito e teoria crítica da raça. Para nossa felicidade, os livros foram incorporados ao currículo de faculdades de direito por todo o país.

Em 1998 começamos a trabalhar com um impressionante grupo de pesquisadores que estava documentando o efeito da desigualdade em questões relacionadas à saúde, como a expectativa de vida. Nós nos vimos sempre envolvidos com acadêmicos jovens e dinâmicos, pessoas com as quais eu nunca teria a oportunidade de trabalhar em uma editora tradicional, por causa das divisões internas. Mesmo na Pantheon, a idéia de publicar livros nesses campos que pudessem ser utilizados como material didático teria sido algo fora de questão. Mas a New Press era pequena o bastante para poder superar essas barreiras e se preocupar mais com idéias do que com as classificações burocráticas adequadas.

A lição que nós aprendemos foi que, embora alguns tipos de livros se tornem a cada ano inegavelmente mais difíceis de publicar, o público permanece lá, intocado, simplesmente porque ninguém tentou chegar a ele. Foi necessária uma estrutura sem fins lucrativos para descobrir esses leitores. Muitos editores em empresas comerciais sem dúvida ficariam deliciados se pudessem experimentar como nós, mas eles são forçados a se concentrar em um punhado de livros que lhes permita atender às expectativas econômicas das corporações proprietárias. Muitos editores que atuam há tempo suficiente para se lembrar da época anterior aos conglomerados lamentam profundamente a eliminação da edição de obras reflexivas. As pessoas que hoje entram no mercado não podem fazer essa comparação. Para elas, a atual situação é normal, e isso é, em si, um desdobramento preocupante.

❦

SERIA TOLO VER o que aconteceu ao mercado editorial como uma história com um final feliz na qual as pequenas editoras e as editoras universitárias recolhem o que as grandes esqueceram e o livre mercado mais uma vez mostra que a verdade sempre aparece. Sem desmerecer o trabalho da New Press e de nossos colegas em outras editoras independentes, é preciso enfatizar que os recursos que nós administramos são pequenos comparados com o de qualquer grande conglomerado. Juntos, nós não chegamos perto de ter sequer 1% do total de vendas no mercado editorial. Não temos dinheiro nem pessoal para competir seriamente por espaço em redes de livrarias e outros pontos que hoje dominam a venda de livros. Embora alguns de nós possamos orgulhar-se de um golpe de sorte ocasional, mais de 30%

de todos os *best-sellers* em 1999 saíram de editoras que estão sob o guarda-chuva Bertelsmann-Random House.

※

HÁ ALGUNS MESES eu fui convidado a falar para meus colegas de classe em Yale, que celebravam o quadragésimo aniversário de formatura. Como era de se esperar, a maioria das pessoas que compareceu ao Yale Club of New York era rica. Fossem eles homens de negócios, advogados ou médicos, todos tinham se saído bem em suas carreiras. Eu falei sobre as mudanças que tinham ocorrido no mercado editorial, e sugeri que, pelo que sabia, acontecimentos semelhantes afetavam todas aquelas que costumavam ser chamadas de "profissões liberais". Os médicos se queixam de que agora têm de lidar mais com dinheiro que com saúde, administrando as pressões de planos de saúde, hospitais e companhias de seguro, a ponto de suas próprias decisões serem severamente limitadas. Da mesma forma, os advogados se queixam da forma com que seu valor é estabelecido em função de quanto dinheiro eles levam para a firma; mesmo aqueles que ganham mais de 1 milhão de dólares por ano reclamam da diminuição de seu papel profissional e de sua liberdade. Muitos acadêmicos se queixam amargamente das pressões por lucro nos *campi*. Seus departamentos estão sendo fechados, aulas estão sendo reduzidas ou eliminadas, e as questões são decididas de acordo com critérios de mercado – quanto dinheiro será gerado com as atividades de cada departamento, e não quanto conhecimento ou debate será produzido. Após minha palestra, meus ex-colegas concordaram que suas profissões tinham sido inteiramente modificadas. Muitos começaram dizendo: "Eu não gostaria de começar minha carreira agora" ou "Se eu soubesse que iria acabar assim, talvez não tivesse escolhido ser...", e este discurso parecia exprimir o sentimento de todos, qualquer que fosse a atividade a que eles tivessem dedicado seus últimos quarenta anos.

A idéia de que nossa sociedade foi fortemente afetada pela importância atribuída ao dinheiro é amplamente reconhecida. Outros valores que já foram vistos como forças compensatórias estão desaparecendo rapidamente. Não apenas nossos bens, mas nossos empregos e, de fato, nós mesmos, nos tornamos mercadorias a serem compradas e vendidas pela oferta mais alta. Houve outros momentos na história em que ocorreram tais mudanças. Mas hoje, com a globalização e a industrialização dos meios de comunicação, os efeitos são ainda mais impressionantes.

O que aconteceu com o trabalho dos editores não é pior do que o que sucedeu a outras profissões liberais. Mas a mudança que ocorreu no mercado editorial é de fundamental importância. É apenas nos livros que discussões e investigações podem ser conduzidas prolongada e profundamente. Os livros tradicionalmente têm sido o único meio pelo qual duas pessoas, um autor e um editor, podem concordar em que algo precisa ser dito e, por um pequeno volume de dinheiro, partilhar isso com o público. Os livros diferem de forma crucial dos outros meios. Diferentemente das revistas, eles não são voltados para o anunciante. Diferentemente da televisão e dos filmes, eles não precisam encontrar um grande público. Os livros podem ir contra a corrente, apresentar novas idéias, desafiar o *status quo*, na esperança de que, com o tempo, se forme o seu próprio público. A ameaça a tais livros e às idéias que eles contêm – o que costumava ser conhecido como o mercado de idéias – é perigosa não apenas para o mercado editorial profissional, mas para a sociedade como um todo.

Nós precisamos descobrir novos modos de sustentar o discurso que costumava ser considerado uma parte fundamental da sociedade democrática. A New Press e as outras pequenas editoras que eu descrevi começaram a enfrentar esse desafio, mas é preciso muito mais do que conseguimos realizar até agora. Espero que nos próximos anos mais pessoas, aqui nos Estados Unidos e no exterior, percebam como é perigoso viver em uma cultura com uma escolha limitada de idéias e alternativas, e como é fundamental manter um amplo debate. Em síntese, que se lembrem de como os livros sempre foram importantes em nossas vidas.

Notas

1 *Publishers Weekly*, 12 de dezembro de 1998.

2 *Bertelsmann Newsletter*, 26 de setembro de 1999.

3 *Publishers Weekly*, 23 de agosto de 1999.

4 Robert McChesney, *Rich media, poor democracy* (Urbana-Champaign: University of Illinois Press, 1999), p. 20.

5 Eugene Exman, *The house of Harper* (Nova York: Harper & Row, 1967).

6 James Hart, *The popular book: a history of america's literary trade* (Nova York: Oxford University Press, 1950), p. 88.

7 Janice Radway, *A feeling for books* (Chapel Hill: University of North Carolina Press, 1997).

8 Bárbara Shrader e Jurgen Schebera, *The golden twenties* (New Haven: Yale University Press, 1988).

9 *Book industry report of the public library inquiry of the SSRC* (Nova York: Columbia University Press, 1949).

10 Jean-Yves Mollier, *Louis Hachette* (Paris: Fayard, 1999), p. 305.

11 O Office of Strategic Services, o antecessor da CIA do tempo da guerra, vigiou de perto a maioria desses exilados, registrando suas preferências políticas, mantendo longos dossiês que hoje podem ser examinados no Arquivo Nacional.

12 Pierre LePape, *André Gide, le messager* (Paris: Éditions du Seuil, 1997).

13 André Schiffrin, *l'Editions sans éditeurs* (Paris: Editions La Fabrique, 1999).

14 Pascal Fouché, *l'Histoire de la édition française* (Paris: Bibliothèque de littérature française contemporaine, 1994).

15 Citado por William Maguire em seu *Bollingen, an adventure in collecting the past* (Princeton: Princeton University Press, 1982), p. 61.

16 A popularidade dos romances persiste até hoje: 201 milhões de livros foram vendidas em 1998, tendo a forma do material escrito mudado mais do que o conteúdo.

17 Um relato maravilhoso e impressionantemente justo dessas batalhas intelectuais das décadas de 1960 e 1970 pode ser encontrado na introdução de Ira Berlin ao livro de Gutman *Power and culture: essays on the american working class* (Nova York: Pantheon, 1987; Nova York: The New Press, 1991).

18 William Targ, *The indecent pleasures: the life and colorful times of William Targ* (Nova York: Macmillan, 1975).

19 J. William Fullbright, *The price of empire* (Nova York: Pantheon, 1989).

20 Ironicamente, a equipe de vendas da Simon & Schuster inicialmente imaginou que aqueles livros, que acabaram entre os maiores sucessos comerciais da empresa, não iriam vender nada.

21 Michael Korda, *Another life* (Nova York: Random House, 1999), p. 254.

22 Michael Korda, *Another life* (Nova York: Random House, 1999), p. 125.

23 De entrevista concedida no Small Press Center em 24 de março de 2000.

24 De entrevista com o autor em 1990.

25 Ver especialmente um artigo detalhado e devastador da *Fortune*, "The Buzz Factory", de Joseph Nocera e Peter Elkind, 20 de julho de 1998.

26 *Book industry report of the public library inquiry of the SSRC*.

27 Bennet Cerf, At Random (Nova York: Random House, 1997).

28 Deng Maomao, *Deng Xiaoping: my father* (Nova York: Basic Books, 1995).

29 Newt Gingrich, *To renew America* (Nova York: HarperCollins, 1995).

30 André Schiffrin, "Publisher's spring catalogues offer compelling reading about the market for ideas", *Chronicle of Higher Education*, 19 de março de 1999.

31 Do catálogo Wagenbach, 1999.

32 McChesney, *Rich media, poor democracy*, (Urbana-Champaign: University of Illinois Press, 1999), p. 202.

Índice onomástico

Abetz, Otto 35
Amazon 132
American Booksellers Association 134
America Online 19
Anchor Books 118
Anderson, Mark 97
Arendt, Hannah 37, 97
Arnold, Mel 62
Asher, Marty 116
Association of American Publishers 25, 137
Association of American University Presses 145
Avon Books 20

Ballantine 47
Bantam Books 47
Barnes & Noble 124
Basic Books 123, 139, 151, 159, 178
Beacon Press 62, 149
Bender, Ursula 18
Bergstrom, Lasse 67
Bernstein, Bob 72, 86, 92, 108, 122, 142
Bershtel, Sara 9, 103
Bertelsmann 20, 99, 121, 124, 135, 173
Blackburn, Sara 53
Bobbie Bristol 105
Boni and Liveright 99, 132
Book-of-the-Month Club 116, 134-136
Bourdieu, Pierre 152
Brainderdin, C. T. 99
Brentano's 132

Calvocoressi, Peter 62
Canfield, Cass 75, 139
Canyon, Copper 149
Cape, Jonathan 118
Cato Institute 149
CBS 20, 86, 104, 138
Cerf, Bennett 43, 50, 79, 86, 131
Chatto & Windus 62, 118
Clarendon Press 144
Clark, Charles 59, 62
Coffeehouse 149
Collier, Peter 149
Common Courage 150
Counterpoint 151
Crown Books 91
Cuddahy 49

Dalkey Archive 151
Davis, Dawn 165, 167
Day, John 81
Dell 99, 124
Disney 21, 127, 128, 142
Disney, Anthea 128
Doctorow, Ed 46
Doren, Paula van 53
Doubleday 99, 124
Dutton 81

Encounter 149
Engelhardt, Tom 142
Enoch, Kurt 46
Epstein, Jason 92, 155

Faber & Faber 119
Farrar, Straus & Giroux 163, 164
Feira do Livro de Frankfurt 132
Fischer Verlag 34
Flammarion 14
Fourth Estate 13, 119
Four Walls Eight Windows 149
Free Press 123, 124, 149, 159

Gallimard 35, 127
Gide, André 34, 177
Givler, Peter 145

Godwin, Tony 59, 69
Gollancz, Victor 30, 56
Granta 13, 55, 119
Graywolf 149
Grove Press 78

Haas, Robert 52
Hachette 29, 125, 141, 177
Hamilton, Hamish 119
Harcourt Brace 42, 150
Harcourt General 15
HarperCollins 13, 20, 92, 120, 123, 128, 139, 140, 150, 178
Harris, Bruce 98
Harvard University Press 105, 147
Head, The Bodley 118
Heath, D.C. 72
Heineman 119, 125
Heritage Press 149
Hodder-Headline 119
Holt, Henry 86, 150
Houghton Mifflin 15
Hyperion 20, 127

International University 34

Jaffe, Mark 46
Jordan, Fred 108
Joseph, Michael 119

Kagan, L. 34
Kessler, Martin 159
Klopfer, Donald 51, 56, 86
Kluwer, Wolter 154
Knopf, Alfred A. 19, 43, 51
Korda, Michael 79, 94
Korvette's 132

Ladybird 119
Lamm, Donald 163
Lane, Allen 28, 59, 61
Laughlin, James 160
Left Book Club 30
Lehmann, John 46
Lippincott, Walter 146

Literary Guild 20, 134, 136
Little, Brown and Company 20
Los Angeles Times Mirror 62
Lynton, Michael 128

McBride 99
McGraw-Hill 81, 128
Mellon, Mary 39, 40
Melon, V.K. Krishna 29, 61
Methuen 125
Metropolitan Books 150
Milkweed 149
Modern Library 47, 132
Monthly Review 49, 78, 150
Morrow, William 20
Murdoch, Rupert 20, 81, 88

Newhouse, S.I. 88
News Corporation 20
New American Library 22, 28, 43, 62
New Directions 49, 160
New Press 18, 22, 64, 71, 76, 104, 143, 150, 157, 159, 160, 161, 164, 166, 167, 168, 169, 172, 174, 178
New School 34
Norstedts 67, 125
North Point 151
Norton, W.W. 150, 163

Obolensky, McDowell 81
Ocampo, Victoria 36
Ohio State University 145
Orbis 149
Orion 125
Osnos, Peter 109, 151
Oxford University Press 103, 116, 144, 177

Pantheon Books 22, 34, 37, 39, 72
Paramount Books 82
Parker, Frank R. 73
Pearson 48, 61, 62, 118, 119, 128
Peck, Jim 103

Pellegrini 49
Penguin Books 22
Petropolis 34
Pevsner, Dieter 59
Pilgrim 149
Pléiade, Editions de La 34
Pocket Books 28, 44
Porter, Arabel 46, 47
Praeger 75
Princeton University Press 146, 177
Proffitt, Stuart 140
Profile 13
Public Affairs 151
Publishers Weekly 104, 106, 125, 128, 143
Publishing, World 62
Putnam 141

Quadrangle 81

Rabiner, Susan 103
Random House 19, 43, 49, 50, 51, 52, 55, 59, 72, 74, 78, 80, 85, 86, 87, 88, 90, 91, 92, 93, 96, 98, 100, 102, 104, 105, 106, 107, 108, 109, 110, 117, 118, 121, 122, 123, 124, 125, 126, 129, 142, 146, 151, 161, 164, 165, 166, 167, 173, 178
Raytheon 86
RCA 85, 86, 88
Reed Elsevier 15, 120, 125, 154
Regnery 150
Richardson, Tony 59
Rizzoli 14
Rosenthal, Arthur 105
Rosset, Barney 78
Routledge 58

Saxton, Eugene 138
Schabert, Kyrill 34
Schiffrin, Jacques 22
Schocken 81, 86, 96, 97, 103, 109
Schulte, Tony 108, 165

Schuster, Max 79
Scribner 132
Secker & Warburg 30, 119, 125
Seuil, Éditions du 127, 177
Seven Stories 149
Simon, Dick 79
Simon & Schuster 20, 79, 81, 82, 123, 124, 125, 129, 178
Singer 72
Smith, W. H. 29, 119
Smith & Haas 52
Snyder, Richard 82, 129
South End 150
Sternbach, David 165
Straus, Roger 163
Strauss, Harold 93
Sur, Ediciones Del 36

Targ, Bill 62
Times Books 109
Time Warner 14, 19, 20, 135

University of California Press 147
University of Chicago Press 145
University of Nebraska Press 146
University of New Mexico Press 145
University of Oklahoma Press 146

Verso 13
Viacom/CBS 20
Villard 50, 88
Vintage 59, 116, 118, 119
Vitale, Alberto 98
Vivendi 15

Wachtel, Diane 164
Wagenbach, Klaus 152
Warner 14, 19, 20, 135
Wasserman, Steve 109
Waterstone's 14
Weidenfeld 125, 141
Westview Publishers 151
Weybright, Victor 46
Wildwood 59

Wilson, Vicky 105
Wolf, Wendy 103
Wolff, Kurt 34, 37, 40, 42, 97
Wood, Joe 167

Zinsser, Bill 135